Paul Fournel

IM PELOTON

PAUL FOURNEL

IM PELOTON

Radsportgeschichten

Aus dem Französischen
von Christoph Sanders

covadonga

Die Originalausgabe dieses Buches ist unter dem Titel
»Peloton maison« bei Éditions du Seuil, Paris, erschienen.

Paul Fournel:
Im Peloton

Aus dem Französischen
von Christoph Sanders

ISBN (Print): 978-3-95726-076-5
ISBN (E-Book): 978-3-95726-082-6

Umschlagillustration: © Pierre Lagrue

Druck und Bindung: Westermann Druck Zwickau GmbH
2. Auflage, 2024

FSC www.fsc.org MIX Papier | Fördert gute Waldnutzung FSC® C110508

Covadonga ist der Verlag für Radsportliteratur.
Besuchen Sie uns im Internet: *www.covadonga.de*

»Eigentlich mag ich den Radsport nicht besonders.«

Jacques Anquetil

»Ein Radrennfahrer trägt weder einen Gürtel noch einen Gummizug, um die Hose zu halten, weil das seine Atmung erleichtert.«

Louison Bobet

Inhalt

Mein Haus

Ausgerechnet während der Verpflegung haben sie ohne Ansage den scharfen Gang eingelegt, und ich, wie ein Radtouristiker auf dem kleinen Blatt im hinteren Teil des Pelotons unterwegs, stand da wie ein Vollidiot, mit dieser Musette um den Hals, die an meiner Haut sägt und mir gegen die Brust schlägt. Was geht nur in ihren Köpfen vor, so ein Tempo anzuschlagen? Direkt vor meiner Nase reißen sie ein Loch von zehn Metern auf, und ich sehe, wie das Feld ohne mich weiterzieht. Ich kann das Peloton nicht ziehen lassen, schließlich ist es mein Haus. Wenn das Peloton ohne mich davonfährt, sitze ich auf der Straße.

Ich hakle im Schaltwerk, um die Kette wieder aufs große Blatt zu legen, und pfeffere den Beutel in den Graben, pfeif auf die Verpflegung, keine Zeit, da kann ich mich jetzt schon auf einen schönen Hungerast freuen. Ich lege wieder los, große Übersetzung, Hintern hoch. Meine Beine tun weh und dabei wollte ich doch in Ruhe zu Mittag essen. Was haben sie sich dabei gedacht? Auf uns warten keine Steigungen, keine Sprints, niemand muss sich neu positionieren. Warum sind den großen Jungs die Gäule durchgegangen?

Ich sehe sie von hier, die Flahutes, wie sie Tempo bolzen wie die Ochsen, mit unbeweglichem Kopf und unverwüstlichen Oberschenkeln. Nie werde ich die Lücke schließen können, jetzt tut es einfach zu weh. Ich gebe alles und sehe den Schwanz der Meute, der sich streckt und entfernt. Zwei Jungs werden abgehängt, die sind erledigt. Wieder reinfahren, alles, woran ich denken kann, ist, wieder reinzufahren, selbst wenn ich meine Quadrizeps sprengen muss, nur wieder reinfahren! Wenn ich das hintere Feld erreiche, bin ich gerettet; nur noch über die Schwelle meines Hauses, das letzte Hinterrad erwischen, dann gehe ich wieder rauf in mein Wohnzimmer, zurück in Sicherheit. Es ist zu schmerzhaft, zu hart. Ich lege alles rein, was ich habe, trotzdem falle ich immer weiter zurück.

Und auf einmal knäuelt sich das Feld wieder zusammen. Vorne wird gebremst. Verkehrsberuhigende Maßnahmen. Ich segne den Erfinder der Bodenschwelle, den debilen Sämann der Kreisverkehre, den Kretin der Verkehrsinseln, den Wahnwitzigen der Bürgersteige. Die Schöpfer all dieser großartigen Gebilde, die uns in den Weg gestellt wurden und das Rennen verlangsamen. Ich fahre wieder rein. Ich sehe, wie man vorn im Freilauf rollen lässt. Aber gerade in der Sekunde, in der ich mit allerletzter Kraft das Hinterrad des letzten Fahrers im Feld erreiche, verlassen wir den Kreisverkehr, und schon geht es vorne wieder los, das Feld zieht sich in die Länge, und ich bekomme erneut eine verpasst. Das Peloton zieht wieder an und reitet schnurstracks zurück in die Hölle. Meine Oberschenkel wollen nicht mehr. Ein richtiger Berg wäre mir jetzt lieber als diese tödlichen Tempoverschärfungen. Das Leben im hinteren Teil des Rennens ist zu hart. Ich kann nicht mehr. Ich werde rausnehmen, mich zwischen die nachfolgende Autokolonne klemmen, aufs kleine Kettenblatt gehen und mit den Händen am Oberlenker gemütlich nach Hause rollen, ganz nach der Art des Müßiggängers, der ich in Wahrheit bin. Das Peloton wird wie ein großes Schiff vor mir ablegen, und ich werde eine Stunde nach ihm bei Einbruch der Dunkelheit die Ziellinie überqueren und disqualifiziert werden. Und das alles wegen dieser verdammten Musette und dieser Hurensöhne von Flamen. Und als Bonus bekomme ich von meinem sportlichen Leiter den Hintern versohlt. Geschieht mir recht.

In diesem Moment kommt ein anderer Abgehängter an mir vorbei. Er hat wieder etwas Saft im Akku und wird uns wieder nach vorn bringen. Ich springe an sein Rad. Nicht zu heftig, Liebling, so ist's gerade richtig. Ich halte sein Hinterrad. Es reicht schon eine kurze Gegenwindpassage dort drüben, um das Feld zu verlangsamen, und wir fahren wieder rein, ein Bremsmanöver, ein Anfall von Mitleid bei den Führenden, und alles ist gut. Er winkelt den Ellenbogen nach außen, um mir zu signalisieren, dass ich ihn ablösen soll. Ich tue so, als würde ich es nicht sehen. Wenn er mir heute Abend begegnet, bringt er mich um. Na dann. Er legt noch eine Schippe drauf. Einfach mitrollen ist nicht mehr drin, und dicker kann ich nicht treten. Immerhin, wir verlieren nicht weiter an Boden. Wir nähern uns einem Dorf, mit etwas Glück ist die Straße kurvig, dann wird man vorne bremsen müssen. Tatsächlich, man bremst! Wir fahren wieder rein. Schnell zwei oder drei Positionen aufrücken, um ins Haus zu kommen und jemanden in meinem Rücken zu haben, der hinter mir die Tür schließt! Mit einem Mal wird alles leichter. Ich werde hineingesogen. Ich gönne mir ein Päuschen im Freilauf. Da ist ein Fahrer aus meinem Team, der sich ebenfalls im hinteren Teil des Pelotons abrackert. Ich frage ihn nach einem Gel, irgendetwas Essbarem. Er reicht mir einen Müsliriegel. Ich habe nicht einmal Zeit, ihn ganz runterzuschlucken, als es wieder rangeht. Wieder startet die Maschine voll durch, und erneut zieht sich das Feld auseinander. Bei diesem Tempo wird es sich in mehrere Teile zerlegen, und wenn wir im letzten Teil feststecken, kommen wir nie wieder zurück. Es geht wieder los, aber diesmal lasse ich mich nicht mehr übertölpeln, und wenn es mich die letzten Kräfte kostet, ich bleibe in meinem Haus. Auf einmal wird der Rhythmus weniger heftig. Ich puste durch. Dreißig Kilometer in einem menschlicheren Tempo. Ich leide immer noch, aber ich bin drin. Ich muss mich erholen, ich muss essen, trinken, verdauen. Ich möchte die Augen schließen, um mich für eine Sekunde auszuruhen, aber ich habe Angst, ein Hinterrad zu berühren. Ich halte durch. Das ist die Hauptsache. Ich möchte meine Teamkollegen wiederfinden.

Da höre ich im Knopfhörer im Ohr meinen sportlichen Leiter: »Aufrücken, aufrücken, nach vorne! Was zum Teufel machst du da hinten? Bist du in der Pampa? Wir brauchen dich vorne für den Sprint. Bring deinen Sprinter nach vorn. Beeil dich, wir haben es eilig, es sind die letzten fünf Kilometer! Schläfst du?«

Weltmeisterschaft

Ah, nein. Ohne die geringste Strategie. Hier habe ich sie mit purer Wut besiegt. Ich war außer mir. Sie konnten mir nichts entgegensetzen, die Pauline, die Marianne, die Adeline, die Léontine, die Maria: Sie fuhren Fahrrad, ich raste vor Wut. Ich war unbesiegbar, weil ich das Radfahren zu sehr liebe und zu wütend bin.

Sechs Runden auf der Männerstrecke, das hieß sechs Mal zwei kleine Anstiege, und ich fuhr jede Runde auf das Wohl aller Miesepeter, Mistkerle und Lügner. Ha! Ich habe sie unter meinen Pedalen zerquetscht, all die Organisatoren, die vermeintliche »Organisationen« für den Frauenradsport ins Leben rufen, in denen alle außer den Fahrerinnen bezahlt werden. Sie haben Trainingszentren, Strukturen, Kommissionen, Regelwerke, Organigramme geschaffen, ausnahmslos mit Männern an der Spitze, Männern mit Gehältern und Büros. Und uns haben sie die Aufgabe aufgehalst, »Frankreich durch Leistungen auf höchstem Niveau und Siegen bei Weltmeisterschaften und Olympischen Spielen erstrahlen zu lassen« – weiter nichts! Und hier sind sie, die Typen, die Trainer für die »weibliche Zielgruppe« ausbilden. Ich geb euch Zielgruppen!

Eine Runde bin ich auf das Wohl von Marie-Françoise Potereau gebrettert, die ihren bezahlten Urlaub nahm, um starten zu können, und nicht einmal den Titel »Profi« tragen durfte. Eine weitere Runde ballerte ich auf das Wohl von Jeannie Longo durch, der erfolgreichsten Championesse der Welt, ein bisschen zerknirscht, aber verdammt wütend.

Ich habe ihm das Maul gestopft, dem Arschloch, das damals, 1957, in *L'Équipe* schrieb: »Der gesunde Menschenverstand hat triumphiert [...]. Sie werden sich mit den vorhandenen Wettkämpfen und dem Radtourenfahren begnügen müssen, was ihren muskulären Möglichkeiten viel eher entspricht.« Ich geb dir Muskeln, du Idiot!

Ich will Rad fahren und mein Geld wie ein Mann verdienen, ich will eine echte Tour de France, ich will es richtig krachen lassen. Ich will gewinnen, ich will Geld. Ich will das Gleiche wie die Fußballerinnen, ich will berühmt sein, ich will die Megan Rapinoe des Straßenradsports sein.

In diesem Fall war es Léontine, die dafür teuer bezahlen musste. Sie war die Letzte, die mir noch folgen konnte, und ich habe sie an dem kleinen Anstieg gedemütigt. Ich habe ihr den Atem geraubt. Als wir uns in der Führung ablösten, fragte sie mich keuchend: »Worauf fährst du?« Ich antwortete: »Auf Wut«, und dann ließ ich sie stehen.

Die letzte Runde bin ich dann allein auf das Wohl von Laurent Fignon und Marc Madiot gefahren. Ich mag Laurent Fignon, er war ein hübscher Junge, ein Nerd mit

Zopf und Nickelbrille, originell, guter Fahrer, alles prima, außer dass dieses Arschloch losgezogen ist, um im Fernsehen zu erzählen, dass der Frauenradsport »nicht ästhetisch« sei. Und was Madiot betrifft: Er war der Typ, der es gewagt hat, Longo zu sagen: »Ihr seid hässlich!« Nicht ästhetisch! Hässlich! Ich habe es ihnen gezeigt. Den ganzen Anstieg tänzelnd im Wiegetritt, direkt vor ihren hübschen Nasen. Wirst gleich sehen, ob ich nicht ästhetisch bin!

Und dann sah ich ihn, Fignon, noch in Gelb, auf dem Podium der Tour '84 neben Marianne Martin, der Amerikanerin, die gerade die Tour Féminin gewonnen hatte. Sie gaben sich die Hand, trugen das gleiche Gelbe Trikot und hatten das gleiche Lächeln. Er hatte gerade 100.000 Euro gewonnen und sie 1.000 Euro, die sie mit ihren Teamkolleginnen teilen musste. Auf dein Wohl, Laurent Fignon!

Wenn ich die Preisgelder auf meine Kilometer umlegen würde, müsste ich, wenn ich so viel wie ein Mann verdienen wollte, mindestens 500.000 Kilometer mit dem Rad zurücklegen.

Ich überquerte die Ziellinie und sang mir selbst aus voller Kehle »Bella ciao« vor.

Ich war Weltmeisterin. Und das hatte ich mir verdient.

Husch-husch, jetzt schnell für die zwanzig Sekunden Fernsehen mein Lächeln wieder aufsetzen, denn ich sah vom vielen Fluchen aus wie ein alter, runzliger Apfel.

Ich sprang aufs Podium und bekam das schöne Regenbogentrikot übergestreift.

Beim nächsten Rennen zog ich es an und unter die Regenbogenstreifen schrieb ich: »schlecht bezahlt«. Schlecht bezahlte Weltmeisterin! Nun, ob Sie es glauben oder nicht, die Offiziellen haben mir eine Geldstrafe von 2.000 Schweizer Franken aufgebrummt, weil ich das Trikot »beschmutzt« hatte. Ich musste mir sie leihen!

Wettkampfgewicht

Jeder im Peloton kannte Van Loo. Je nach Epoche nannten ihn die Journalisten »Le Flahute«, »das Moped« oder »V8-Motor«. Er war stark, schnell, unermüdlich und ein großartiger Rennfahrer. Er liebte sein Metier und ehrte es mit den unwahrscheinlichsten Solofahrten. Was stundenlange Großaufnahmen im Fernsehen betraf, kam ihm keiner gleich. Er war ein Glücksfall für Sponsoren, deren Namen man ganze Nachmittage über lesen konnten, wenn Van Loo von der Seite gefilmt wurde, allein auf der Straße, als Ausreißer, der ohne den Kopf zu heben mit 45 Stundenkilometern dahinfuhr, fünf Minuten vor dem Peloton, das sich bis zur Erschöpfung abmühte und ihn trotzdem nicht einholte.

Van Loo war auch für seine Kollegen ein Glücksfall. Wer, gleich nachdem der Rennleiter die Fahne senkte, die brutale Gewalt seines Starts wegstecken konnte, hatte eine Chance, das Rennen erfolgreich zu Ende zu bringen. Normalerweise kamen dich Ausreißversuche früh am Tag sehr teuer zu stehen und brachten nichts ein, weil die Teams der Sprinter sich formierten und die Flucht kurz vor dem Ziel zunichtemachten. Aber mit Van Loo hattest du eine Chance, vor dem Feld ins Ziel zu kommen. Wenn er einmal losgefahren war, drehte er sich nicht mehr um. Er legte seinen großen Gang auf und fuhr. Ab und zu lösten wir ihn in der Führung ab, aber er bat nie um irgendetwas. Hatte er einmal beschlossen loszulegen, bahnte er sich seinen Weg, als wäre er allein.

Van Loo war jedoch kein so gutes Geschäft für diejenigen, die meinten, bis zum Schluss an seinem Hinterrad lutschen zu können, denn selbst nach 150 Kilometern war er immer noch in der Lage, jeden im Sprint zu distanzieren.

Für die anderen Fahrer bedeutete, an Van Loos Hinterrad zu bleiben, die Chance auf einen zweiten Platz. Das allein war erstrebenswert genug, und es lohnte sich, früh am Tag den Hintern dafür hochzukriegen.

Van Loo legte sein Augenmerk auf die mittelschweren Etappen, die anspruchsvollen, kurvenreichen und halbwegs bergigen Etappen, die aber nicht schwer genug waren, um einen Krieg der Häuptlinge zu entfachen. Hier ließ er seine Klasse sprechen, hier fuhr er seine schönsten Siege ein.

Er liebte das Zentralmassiv, den Morvan, das Hinterland der Bretagne und die Ardennen.

Wenn das Rennen ins Hochgebirge führte, reihte er sich ein, nahm seinen Platz im Gruppetto ein und träumte von den kommenden Tagen, an denen er seinen berühmten großen Motor wieder in Gang setzen konnte. Von unten beobachtete er ohne Neid und Missgunst die filigranen Fahrer, die sich weiter oben die Hänge hinaufkämpften. Die kleinen, leichten, hochdrehenden Motoren waren nicht seine Welt. Sie waren den Wolken zu nah. Er plauderte gerne mit ihnen, abends am Tisch, während sie ihre Salatblätter zählten.

Und dann, eines Tages, nahm die Wissenschaft den Radsport in Besitz. Physiker, Fitnesstrainer, Ernährungswissenschaftler, Strömungsingenieure, Aerodynamikexperten und Ausrüster schlossen sich mit den Trainern zusammen, um nichts dem Zufall zu überlassen. Man modellierte windschlüpfrige Helme, erfand luftdurchlässige Stoffe und zog die Socken höher über die Waden. Die Besessenheit bestand nun darin, alles zu berechnen, alles zu beherrschen und alles zu zählen, denn alles zählte. Es war die Zeit der »Marginal Gains«.

Eines Abends kamen die Wissenschaftler in einer Delegation zu Van Loo, setzten sich in sein Zimmer und erzählten ihm von ihrem Plan. Im Grunde war ihre Idee ganz einfach: Er sollte die großen Rennen gewinnen. Ziel war es, seine schöne Kraft zu erhalten und ihn dazu zu bringen, gleichzeitig Fettmasse zu verlieren (sie sagten nicht »Gewicht«, weil sie es nicht auf seine Knochen oder Muskeln abgesehen hatten). Van Loo betrachtete seinen Bauch unter seinem T-Shirt und sah nichts, was auf Fettmasse hindeutete.

»Du bist bei einem Körperfettanteil von 14 Prozent. Wir werden dich auf zehn runterbringen, und du fliegst die Anstiege rauf.«

Es folgte der Vortrag des Ernährungswissenschaftlers über eine ganzjährig einzuhaltende Diät, die garantiert keinerlei Mangelerscheinungen, Defizite oder Risiken mit sich brächte. Ein Gewinn auf ganzer Linie.

»Wenn du dieses Programm gewissenhaft umsetzt und deine Art Rennen zu fahren änderst, hast du die körperlichen Voraussetzungen, um nächstes Jahr Paris–Nizza zu gewinnen und in zwei Jahren die Tour de France.«

Der Trainer übernahm das Wort:

»Du wirst deine Fahrweise ändern müssen. Keine unsinnigen Fluchten mehr, keine Attacken in aller Frühe. Im Gegenteil, du musst so viel Energie wie möglich sparen und dich lange im Peloton aufhalten. Deine Teamkollegen werden die Arbeit machen, und du wirst auf den entscheidenden Moment warten, wenn das Peloton explodiert und alles vor dir frei wird, um die verbliebenen Konkurrenten um den Sieg auseinanderzunehmen.«

Der Ausrüster schaltete sich ein:

»Mit all deinen aerodynamischen Daten werden wir deine Sitzposition langsam verändern, damit du besser auf deiner Maschine sitzt und weniger Energie vergeudest. Wir werden deinen Lenker schrittweise weiter nach vorne schieben und deinen Sattel zwei Millimeter höher stellen. Wir werden auch an der Ausrüstung Gewicht sparen. Am Anfang wirst du sicher ein bisschen ins Schwimmen kommen, aber du wirst deine Bewegungsmuster schnell anpassen und dein Pedaltritt wird bald fließender werden. Wir werden die Cleats unter den Schuhen um drei Millimeter nach vorne schieben.«

Dann wieder der Ernährungsberater:

»Du wiegst 65 Kilogramm. Unser Ziel ist, dass du bei Wiederaufnahme des Trainings bei 63 bist, um schließlich ein Wettkampfgewicht von 61 zu erreichen. Wir werden dir eine ketogene Diät verpassen, die du in der Off-Season einhalten musst, wir werden dir Mahlzeiten liefern und dich dann während der Rennen von Tag zu Tag betreuen. Vertraue dem Koch! Das Wichtigste ist, dass du alles, was dir erlaubt ist, auch restlos aufisst, um Magersucht zu vermeiden. Lass nichts auf deinem Teller liegen! Und abends kein Bier mehr!«

Alle lachten zufrieden. Das Programm war perfekt, und wir hatten einen künftigen Sieger großer Rennen vor uns. Man hätte den Champagner aufmachen und einen Toast aussprechen können. Aber die Diät hatte gerade erst begonnen, und man musste sie einhalten.

Van Loo nickte zustimmend, wie ein artiger Schüler.

»Das ist gut«, sagte er. »Es ist nett von euch, dass ihr euch um mich und meine Siegesbilanz kümmert. Ich bin gerührt. Aber ich werde ein Problem haben. Ich weiß es, denn ich habe es schon versucht: Unter 65 Kilo habe ich keine Lust mehr aufs Radfahren, und in meinem Beruf, wisst ihr, ist es sehr wichtig, Lust aufs Radfahren zu haben.«

Dicker Hintern

Er legte seine Hand auf meinen Hintern. Nicht, um mich zu begrapschen, auch nicht, um mich nach vorne zu schieben, sondern nur, um mein Geheimnis zu verstehen. Das Biest zu berühren. Ich nehme es ihm nicht übel; er ist nicht der Erste.

Am Berg ist mein Hintern aus Blei. Sobald wir eine Steigung erreichen, klebe ich an meinem Sattel und ziehe wie ein Verdammter am Lenker, um nicht noch mehr Zeit zu verlieren: In zehn Sekunden verliere ich fünf Sekunden auf die dürren Hänflinge. Ich bin der Star des Gruppettos, weil ich wie ein Teufel kämpfe, um dranzubleiben und nicht aus der Karenzzeit zu fliegen. Die Freunde, die mit mir im »Autobus« sitzen, lachen und machen sich milde über mich lustig. Es ist das Gegenteil einer Berufung, aber ich halte die Bergetappen durch, weil ich weiß, dass danach wieder die Ebene kommt und damit mein Reich, das Reich der Sprinter.

Denn es ist so: Wenn die letzten 500 Meter einer Flachetappe erreicht sind, packt mich mein dicker Hintern und treibt mich mit 70 Stundenkilometern nach vorne. Es liegt in meiner Natur: Ich habe einen großen Kopf, ich habe einen kleinen Körper, ich habe einen dicken Hintern und ich sprinte. Das hat mich schon als kleines Kind gepackt und nie wieder losgelassen. Ich hatte eine Sprinterpubertät und habe mir als Amateursprinter eine ansehnliche Siegesbilanz erstrampelt. Und heute häufe ich als Sprinter bei den Profis ein erfolgreiches Palmarès hoch prämierter Siege an.

Glauben Sie bloß nicht, dass ich nur 500 Meter am Tag arbeite! Das wäre etwas voreilig. Wenn ich weiß, dass das Rennen des Tages auf mich zugeschnitten ist, beginne ich schon ab dem ersten Kilometer damit, Energie zu sammeln, die ich für den Sprint brauche. Ich lade mich auf wie eine Batterie. Ich tauche im Peloton ab und mache mich so klein, wie es mein Körper zulässt. Ich bleibe inmitten des Feldes, spare so viele Körner wie möglich, konzentriere mich. Ich werde praktisch zur Essenz eines Radfahrers. Ich behalte einen kleineren Gang bei als die anderen, nicht wie eine Ratte, die nur an Hinterrädern lutscht, sondern einfach, weil dieser kleine Gang, den ich 200 Kilometer lang beibehalte, es mir ermöglicht, am Schluss für ein paar Minuten eine Riesenübersetzung zu treten. Jetzt, wo der Zielstrich vor mir liegt, habe ich 56 × 11 drauf und fahre 70 km/h. 70 Stundenkilometer mit einem Fahrrad. Ich verstehe, warum die Jungs ankommen und mir an den Hintern fassen. Das ist das Ergebnis harter Arbeit und sieht wahrhaftig wie ein Wunder aus. Die Wahrheit ist, dass ich nicht wirklich weiß, warum ich so schnell bin. Ich muss mit der

Geschwindigkeit geboren worden sein. Natürlich arbeite ich daran, meine Gaben zu verbessern: Ich mache Krafttraining und trainiere hinter einem Motorroller, um an meiner Tempohärte zu arbeiten. Ich mache Yoga, um meine Nerven zu beruhigen und die Angst zu vertreiben, ich meditiere, ich mache Stretching-, Dehn- und Lockerungsübungen, und im Winter tanze ich sogar für das Gleichgewichtsgefühl. Vor allem fahre ich auf der Bahn. Die Bahn ist perfekt für den Sprint, weil hier zwangsläufig pedaliert wird. Mit der starren Nabe gibt es keine Ruhepause, nur Beine, die schneller und schneller werden, die immer härter und härter reintreten, bis zur Linie. Und beim Kopf-an-Kopf-Rennen lernt man, die Schultern zu reiben, den Gegner zu spüren, ihn auf den Zentimeter genau zu lokalisieren, wenn er in deinem Rücken ist oder wenn er hochzieht und neben dir aufrückt. Dabei überdrehen die Beine am Ende immer, und all das ist gut für den Sprint auf der Straße.

Ich betreibe das alles sehr gewissenhaft, ich spüre, dass ich Fortschritte mache und meine Vorbereitung immer besser wird, nur was die wahre Natur der Dinge angeht, bleibe ich mir selbst ein Rätsel. Im Grunde bin ich ganz froh, dass ich es nicht verstehe, aber es hält mich nicht davon ab, der Öffentlichkeit ein paar Hinweise zu geben. Das Metier verlangt das so: Gegenüber Journalisten preise ich die Arbeit des Teams. Ich erkläre ihnen, dass mein Sprintzug perfekt ist und die sechs Jungs, die mich im Schlepptau haben, alle

Abläufe auswendig kennen, dass der zweite Mann, mein Anfahrer, genauso gut ist wie ich und es schwer wird, wieder auf meine Höhe zu kommen, wenn er mich 300 Meter vor dem Zielstrich in perfekter Position absetzt. Die Mannschaft freut sich, dass ich über sie rede, und der Chef freut sich, dass man seinen Firmenschriftzug lesen kann, während ich im Fernsehen bin. Die Öffentlichkeit findet das nicht so mysteriös, weil sie weiß, dass der Sprint ein Einzelsport ist, den man in Mannschaften ausübt.

Jungen Radrennfahrern, die etwas lernen wollen, biete ich Sprintpsychologie an. Ich erkläre ihnen, dass es Fragen gibt, die man sich nie stellen sollte, wenn man sprinten will, wie zum Beispiel: »Soll ich schon antreten oder nicht?« Verboten. Man tritt einfach an, Punkt. Man darf sich auch nicht sagen: »Da komme ich doch nie durch.« Man kommt durch. Man schlüpft durch ein Mauseloch, streift den Sockel des Absperrgitters, steckt den Kopf in die Zuschauer, wenn es sein muss, lässt Schultern und Ellenbogen sprechen, reibt Pedal an Pedal, aber man kommt durch. Man fragt sich auch nicht, ob es gefährlich ist, denn es ist gefährlich. Man fragt sich nicht, ob man Angst hat, man hat nämlich Angst und tritt härter rein, um schneller fertig zu sein. Man respektiert seine Gegner, schaut sie sich genau an, bis man sie schließlich auswendig kennt, und hadert nicht mit der Niederlage, die wie der Sieg meist in Wellen kommt. Gewinnst du an einem Tag, dann gewinnst du auch am nächsten, das ist das Gesetz des Sprints, und wenn du gewinnst, wird man dir an den Hintern fassen.

Und vor allem, junge Leute, fallt nicht hin. Niemals. Denn ein Sprinter, der am Boden liegt, hat keine Chance, die Arme zu heben.

Die festgeschraubten Augen

Die Tour de France hat schon vor sehr langer Zeit die verfallenen Landschaften, die rauchenden Schlote, die Hochhaussiedlungen, die Ruinen und alle Hässlichkeiten der Welt aus ihrem Parcours verbannt. Die Tour, das ist das schöne Frankreich oder gar keins. Die Fahrer bewegen sich also in Traumlandschaften: gewaltige, dem Weizen gewidmete Ebenen, die vom Wind zerzaust und neu frisiert werden, schattige Täler, durch die sich die Straße schlängelt, endlose Weinberge, majestätische Gipfel, auf denen der richtige Weg nur der zum Himmel sein kann, Dörfer aus braunem Fachwerk und mit roten Geländern, weiße Bäche, stille Seen, Schlösser, Schlösser, Schlösser, Blau, Grün und das wechselnde Grau des Asphalts als Basso continuo.

Die Fahrer radeln in einem Traum von Frankreich. Ein Traum, der zwar schmerzhaft ist, aber ein Traum.

Und was sehen sie davon? Was nehmen sie von der Umgebung mit, was davon bleibt hinter ihrem Vorhang aus Schweiß hängen?

Juan Pérez reiste um die ganze Welt, um aus seiner Heimat Kolumbien herüberzukommen. Seit seiner Kindheit hat er sich den schweren Anstiegen und der dünnen

Hochgebirgsluft verschrieben. In seinem Land führen die Straßen geradewegs in den Himmel. Die Rennen sind brutal. In diesem Spiel ist er einer der Besten, weshalb er sich jetzt am Col d'Izoard wiederfindet, von dem man ihm gesagt hat, dass er der schönste Pass Frankreichs sei. Das Fernsehen zeigt ihn, wie er als Solist allein an der Spitze den Berg hochfährt. Seit Brunissard hat er das Rennen für sich entschieden und führt mit mehr als fünf Minuten Vorsprung auf den Zweitplatzierten, der im Wald auf der Stelle tritt. Juan Pérez hält den Kopf gesenkt, als schäme er sich. Er hat keinen Blick für die Mädchen in den Badeanzügen übrig, die im Dorf seinen Namen rufen. Weiter oben kommt er aus dem Schutz der Bäume heraus, nimmt die Rechtskurve und fährt in die erhabene Mondlandschaft der Casse Déserte ein. Weder bewegt er seine Schultern, noch schaukelt der Kopf. Man fragt sich, ob er überhaupt bemerkt hat, dass es an dieser Stelle kurz bergab ging. Er zieht am Denkmal für Coppi und Bobet vorbei, ohne es zu sehen. Er vertilgt die letzten drei Kilometer des Anstiegs mit gesenktem Kopf. Auf der Ziellinie hebt er ganz kurz die Arme, um sein Trikot und den Sponsor ins rechte Licht zu rücken, nimmt sie aber dann schnell wieder runter, weil er unmittelbar nach Überqueren der Ziellinie die Zeit auf dem Radcomputer stoppen muss.

Die Presse stürzt sich sofort auf ihn. Man hält ihm ein Mikrofon hin.

»Herzlichen Glückwunsch, ein fantastischer Tag in der großartigsten Landschaft der Tour! Wie erlebt man einen solchen Tag?«

»Oh, sehr gut. Auf der Geraden bei Brunissard habe ich das Tempo erhöht und konnte den letzten Begleiter abschütteln, der schon angeschlagen war, danach behielt ich am Berg den Computer im Blick, um meine Herzfrequenz, meine Kadenz und meine Wattzahlen zu verfolgen, damit ich nicht in den roten Bereich geriet. Alles war in Ordnung. Meine Parameter waren gut.«

Nächstes Jahr wird er eine Spiegelfunktion in seinen Bordcomputer einbauen lassen, damit er sich in den Anstiegen beobachten kann, um zu sehen, ob er müde ist.

Klassement

Mit der ersten Etappe hat sich das Gesicht meiner Tour de France völlig verändert. Unser Kapitän war in einen hektischen Sturz verwickelt, bei dem das halbe Peloton zu Boden ging, und musste sich im Krankenhaus ein gebrochenes Schlüsselbein richten lassen. Da unsere Arbeit völlig auf seine Präsenz ausgerichtet war, schwebte das gesamte Team, nachdem der Krankenwagen abgefahren war, einen Moment lang in Ungewissheit. Unser sportlicher Leiter, der noch unter Schock stand, hatte nicht wirklich eine alternative Strategie parat – wir waren auf uns selbst gestellt. Zwar machte man uns Versprechungen von einer glorreichen Zukunft und entwarf große strategische Pläne, für die uns aber schlichtweg die Mittel fehlten, doch am Ende war die unterschwellige Botschaft: »Jeder ist auf sich allein gestellt« und »Boxt euch durch«.

Ich bin ein durchschnittlicher Radprofi, einer von denen, die als »ordentliche Fahrer« bezeichnet werden, um klar zu machen, dass wir weder Rennen gewinnen noch andere Heldentaten vollbringen, sondern nur genau umrissene, sehr weit von unseren Kindheitsträumen entfernte Aufgaben haben, die wir gewissenhaft erfüllen.

Aber jetzt, da ich urplötzlich von meinen Verpflichtungen befreit war, habe ich nach kurzer Überlegung einen einfachen Plan gefasst, der sich von meiner üblichen Routine sehr stark unterschied: Ich erkannte für mich die Gelegenheit, die bestmögliche Platzierung in der Gesamtwertung anzustreben.

Bei der Tour gibt es zwei Arten von Fahrern, denen das Gesamtklassement schnuppe ist. In die erste Kategorie fallen die Helfer, die sich auf die Platzierung ihres Mannschaftskapitäns konzentrieren und dafür alle eigenen Chancen aufgeben müssen; es ist ihr Job, und ihr Verzicht wird niemanden wundern. Die zweite Kategorie birgt mehr Überraschendes, denn in ihr findet man echte Cracks, also Leute, die selbst die Tour gewinnen könnten. Wenn sie denken, nicht mehr in der Lage zu sein, um den Gesamtsieg mitzuspielen, wählen sie lieber das Ziel eines möglichen lukrativen Etappensiegs. Dafür müssen sie zunächst Zeit verlieren: Man sieht sie ganze Etappen lang wie verlorene Seelen am Ende des Pelotons umherirren; im Ziel haben sie dann knapp zehn Minuten verloren und keine Chance mehr, die Tour zu gewinnen. Das signalisiert denen, die im Klassement vorne liegen, dass sie auf die Gesamtwertung verzichten und bald versuchen werden, lediglich eine Etappe zu gewinnen. Weil sie vorne nicht mehr gefährlich werden können, lassen die Kapitäne sie wohlwollend gewähren und auf eine lange Flucht gehen, bei der sie versuchen, sich den Tagessieg zu holen.

Da ich unter die erstgenannte Kategorie der Helfer falle, habe ich noch nie in meinem Leben um die Gesamtwertung gekämpft, und jetzt scheint mir die Zeit gekommen, es zu versuchen. Ich werde die Tour nie gewinnen, aber ich möchte sehen, was ich in diesem Peloton, in dem letztlich nur wenige wirklich auf Sieg fahren, zu leisten imstande bin. Es ist paradox, aber ihre Zahl wird von Tag zu Tag kleiner, denn immer mehr Fahrer lassen sich zurückfallen. Sie verabschieden sich aus der Gesamtwertung, die plötzlich für Fahrer mit weniger Meriten interessanter wird. Für Fahrer wie mich.

Weil es mir ein logischer Weg scheint, im Klassement so weit oben wie möglich zu bleiben, habe ich beschlossen, mein Rennen dem des Gelben Trikots anzupassen. Mein Plan ist, ihm so oft wie möglich zu folgen und dabei alles zu tun, so dicht wie möglich an ihm dranzubleiben. Er ist viel stärker als ich, und in den Momenten, in denen er seine Power einsetzt, werde ich mich hüten, ihm um jeden Preis zu folgen, denn dabei würde ich mich nur verheizen. Aber ich lasse ihn nicht aus den Augen, ich gehe bis an die Grenze meiner Möglichkeiten, nie darüber hinaus, um nicht in den roten Bereich zu kommen und zu riskieren, den ganzen Lohn meiner Geduld und meines Fleißes auf einen Schlag zu verlieren.

Im Hochgebirge sehe ich, wie er eine oder zwei Serpentinen über mir klettert, und tue, was ich kann, um den Schaden in Grenzen zu halten. Wenn wir am Ende einer Etappe ankommen und seine Teamkollegen ihn an der Spitze des Feldes schützen, setze ich die Ellbogen ein, um mir den Platz an ihren Hinterrädern zu sichern. Mühsam ernährt sich das Eichhörnchen, und ich nehme jede Sekunde mit, die ich kriegen kann. Wenn die großen Teams bei Seitenwind anfangen, ihre Windstaffeln aufzumachen, reiße ich mir den Arsch auf, um am Gelben Trikot dran zu sein und auch zu bleiben. Auf den Abfahrten folge ich dem Tempo seines Teamkollegen, der sich schützend hinter ihm hält.

Im Laufe der Tage zahlt sich meine Hartnäckigkeit aus, und ich klettere unwillkürlich in der Gesamtwertung nach oben. Ich beginne, mich für die Zeiten der ersten zwölf zu interessieren. Wenn ich noch eine Minute heraushole, kann ich einen weiteren Platz gutmachen. Mit meiner Gelbe-Trikot-Methode habe ich bereits einige Fahrer überholt und bin nun Fünfzehnter.

Der vor mir platzierte Fahrer lässt sich vor der ersten Pyrenäenetappe zurückfallen, er träumt von einem Etappensieg im Hochgebirge und lässt die Gesamtwertung sausen. Ich habe tatsächlich die Chance, Zwölfter zu werden! Der nächste Fahrer bricht in den Bergen ein und rutscht in die Tiefen des Klassements ab. Ich lasse mein Gelbes Trikot nicht aus den Augen. Es bringt mich fast um, aber ich schaffe es sogar, ihm bis zum Gipfel des Tourmalet zu folgen. Dort bin ich der fröhlichste Fahrer im gesamten Peloton, aber das kann niemand sehen, denn ab dem Vierten gibt es im Klassement nur noch Besiegte, nur noch Fahrer unter ferner liefen.

Heute Abend bin ich überglücklicher Zehnter und werde es auch am Sonntag in Paris sein. Ich werde 3.500 Kilometer zurückgelegt und 83 Stunden und 16 Minuten damit verbracht haben, das Gelbe Trikot, das ich nie tragen werde, aus der Nähe zu bewundern.

Bei der Massage

Im Zimmer ist es still. Der Fahrer liegt ausgestreckt auf dem Tisch. Der Masseur steht hinter ihm und hebt seinen Kopf zwischen seinen Händen an. Er tastet den Hals und die obere Schulterpartie ab. Seine Hände sind lang, ruhig, präzise. Der Fahrer schließt die Augen.

»Hast du heute heftig gebremst?«

»Ja. Zweimal auf der Abfahrt, um nicht zu stürzen.«

»Ich spüre es in deinem Nacken.«

Er massiert langsam, um die Knubbel und Verhärtungen zu lösen.

»War's hart heute?«

»Nein, nicht besonders, es war ein guter Tag. Nur am letzten Berg wurde es manchmal eng. Aua!«

»Tu ich dir da weh?«

»Ja, ich habe mir wohl einen Muskel überdehnt. Schon gestern...«

»Wievielter wirst du am Ende?«

»Zehnter.«

»Das ist gut.«

»Gut ist, dass Nacer gewinnt.«

»Verstehst du dich gut mit ihm?«

»Ich arbeite für ihn. Ich mag es, wenn die Dinge rund laufen und wir umsetzen, was wir morgens im Bus geplant haben.«

»Jetzt nicht bewegen.«

Ruckartig dreht er ihm den Kopf zur Seite. Die Wirbel knacken.

»Alles in Ordnung?«

»Ja, alles gut.«

»Ich habe gesehen, dass Jobim heute Morgen wütend war. Hat er sich wieder beruhigt?«

»Ich mag Jobim. Man muss sich in seine Lage versetzen: Er kommt von weit her, er ist allein, er versteht kein Wort, er hat Angst, übergangen zu werden. Das macht ihn wütend. Ich versuche, mit ihm zu sprechen und ihm zu helfen.«

»Ich bin nicht sein Masseur. Ich nehme mir jetzt die Beine vor, rutsch mal ein bisschen hoch.«

»Ich weiß auf jeden Fall, dass ich nicht gern alleine im tiefsten Südamerika rumfahren würde.«

»Deine Beine sind gut, aber du musst sie rasieren, sonst tue ich dir weh.«

»Mach ich morgen.«

»Sie sind wirklich gut.«

»Ich war heute stark und morgen werde ich noch besser sein.«

»Aber ja. Heb mal dein Knie an, damit ich mir die Hamstrings vornehmen kann.«

»Ich mag keine Spannungen in der Mannschaft. Immer muss man gewinnen. Wir fahren echt gut, aber es kann nicht jedes Mal klappen. Ich habe mich mit Raymond angelegt, der immer noch mehr verlangt. Soll er doch für uns die Pedale treten! Für ihn ist es einfach, mit dem Hintern im Auto zu gewinnen…«

»Gib mir dein anderes Bein. Entspann dich, ganz locker lassen.«

»Und dann, noch auf dem Zielstrich, bekam ich eine Nachricht von meiner Magali. Kaum angekommen, klingelt auch schon das Handy. Sie fängt schon wieder damit an. Selbst aus der Ferne macht sie mich kirre. Immer die gleichen Geschichten… Verstehst du, sie hat mich…«

»Erzähl mal… Aber warte kurz eine Sekunde.«

Der Masseur lässt das Bein los und zieht leise die Zimmertür zu.

Am Ziel der Träume

Als ich klein war, träumte ich davon, eine Etappe der Tour de France zu gewinnen. Als Erwachsener stehe ich kurz davor, es zu tun. Dies ist meine erste Tour, und alles ist so, wie ich es mir erträumt habe. Zwei Kilometer nach dem Start setzte ich mich ohne zu zögern an die Spitze, zu acht fanden wir uns vorne in einer Ausreißergruppe wieder, und das war's. Das Feld war einverstanden und ließ uns ziehen, weil keiner von uns eine Gefahr in der Gesamtwertung darstellte. Es war eine Flucht, wie man sie jeden Tag sieht, eine Ausreißergruppe, die vom Feld ziehen gelassen wird, das sie an der langen Leine hält und ein paar Kilometer vor dem Ende wieder einholt.

Ich würde nicht so weit gehen, zu behaupten, dass wir unser Gesicht bekannt machten, da wir schließlich einen Helm und eine Sonnenbrille tragen, aber für Helfer wie mich sind solche Coups ein Segen, man bekommt die Gelegenheit, einmal gesehen zu werden und seinen Namen etwas bekannter zu machen. Es ist immer auch ein Werbeauftritt, bei dem wir unser Trikot zeigen können. Das freut den Chef und die Sponsoren. Aber da ich mich, ehrlich gesagt, selbst schon schwer damit tue, zu verstehen, was genau mit meinem Trikot eigentlich verkauft werden soll, frage ich mich, ob die Botschaft beim Publikum wirklich ankommt.

Die Gruppe lief gut, alle beteiligten sich gleichmäßig an der Führungsarbeit, keine Lutscher, keine ruckartigen Antritte, ein gutes Tempo um die 45 Stundenkilometer. Eine Minute Vorsprung, dann zwei, dann fünf. Genau das Richtige, um in Ruhe gelassen zu werden. 125 Kilometer an der Spitze. Zehn Kilometer vor dem Ziel hatten wir noch zwei Minuten Vorsprung und begannen, daran zu glauben. Mit dieser kleinen Hoffnung keimten auch die Ambitionen und die Rivalitäten. Wir fingen an, uns umzuschauen, wer die dicksten Oberschenkel hatte und uns vielleicht im Sprint schlagen könnte. Ich kannte nicht alle Jungs, mit denen ich unterwegs war. Plötzlich weigerten sich einige, die Führungsarbeit zu übernehmen, andere übersprangen eine Ablösung im Energiesparmodus, die Ordnung löste sich auf. Einige verhielten sich schon fünf Kilometer vor der Ziellinie wie Bahnsprinter. Es stank zum Himmel. Ich ging aus dem Sattel, Kette rechts, und trat mit allem rein, was ich hatte. Bumm!

Die anderen haben sich wohl eine Sekunde lang gegenseitig angeschaut, um zu sehen, wer sich opfern und das Loch zufahren würde. Eine Sekunde zu viel, und ich war weg. Von da an gab es nichts mehr zu tun: sich nicht umdrehen, sich keine Fragen stellen, in die Zeitfahrposition gehen und das Beste geben. Es war fast einfach. An der Flamme Rouge, einen Kilometer vor dem Ziel, stand ich kurz davor, eine Etappe der Tour de France zu gewinnen und mir meinen größten Kindheitstraum zu erfüllen. Ich hatte fest vor, diesen Tag würdig zu begehen. Zuerst hob ich einen Zeigefinger in den Himmel, um an meinen Vater zu erinnern, der in diesem Jahr gestorben war und der so glücklich gewesen wäre, dann zeichnete ich mit meinen Fingern ein kleines Herz für meine Frau in die Luft, schließlich hielt ich einen Daumen hoch für unser Baby und hob dann beide Hände, damit man den Sponsorenschriftzug im Fernsehen gut lesen konnte.

Und dann wurde ich Zweiter, weil mir ein kleiner Schlaumeier, der von hinten herangerast kam, direkt vor dem Zielstrich unter der Achselhöhle hindurchfuhr.

Helfer

Letztendlich war es mein Sohn, der mich in den Ruhestand geschickt hat. Du kennst ihn ja, mit seinen großen runden Augen und seinem verblüfften Gesichtsausdruck ist er zu mir gekommen und hat mich gefragt, warum ich nicht mehr gewinne. Warum ich seiner Mutter keinen Blumenstrauß mehr bringe. Dieser kleine Dummkopf! Ich versuchte, ihm zu erklären, dass ich immer noch Radrennfahrer sei, aber das Metier gewechselt habe. Daraufhin hat er seine »Warum?«-Maschine angeworfen. Du weißt ja, wie Kinder sind...

Ich sagte ihm, dass ich jetzt Helfer geworden war. Und warum? Weil ich einfach langsamer sprinte als die Sprinter! Und warum? Weil ich nur halb so schnell klettere wie die Kletterer! Und warum? Weil sie mich, wenn ich ausreiße, mich auspowern lassen und dann kurz vor der Ziellinie wieder einholen. Und warum? Weil ich anderen helfe, zu gewinnen, das ist eine bedeutende Aufgabe. In gewisser Weise ist mein Job besser als der des Kapitäns, er braucht mich, ich aber kann, wenn er nicht mehr gewinnt, wechseln und meine Arbeit für einen anderen machen. Ich schütze meinen Kapitän, wer auch immer er ist, damit kein anderes

Team ihm reinrauscht, ich hole ein paar Flaschen mit frischem Wasser aus dem Auto unseres sportlichen Leiters. Wasserträger! Aber warum? Glaub mir, man muss es können. Ich stecke zwei frische Bidons in meine Flaschenhalter am Rad, drei in meine Trikottaschen, zwei schiebe ich hinter meinen Rücken, zwischen mein Trikot und meinen Hals, eine nehme ich in die Hand, und schon bin ich fünf Kilo schwerer. Aber warum? Weil ich damit glücklicher bin. Am Start fühle ich mich besser. Ich weiß, dass ich den ganzen Tag schuften muss, aber ich muss nicht gewinnen. Warum? Wenn du gewinnen musst und dann doch nicht gewinnst, ist das nicht lustig. Du denkst an nichts anderes. Und wenn du zufällig doch gewinnst, denkst du sofort an das nächste Rennen, das du auch gewinnen musst. Du weißt schon, dieser Kloß im Hals, wie wenn du zur Schule musst und deine Hausaufgaben nicht gemacht hast. Ich erinnere mich an einen großen Champion, den du nie kennengelernt hast. Er hieß Eddy Merckx, war Belgier und gewann immer. Er war der traurigste Mann im Peloton. Der Zwang, immer gewinnen zu müssen, lässt dir das Herz in die Hose sacken und verkrampft deine Beine.

Auf dem Podium konnte man erkennen, dass er bereits Angst hatte, beim nächsten Mal zu verlieren: Er hielt seine Augen gesenkt und vergaß zu lächeln. Warum? Ich mag es, wenn wir uns einer schwierigen Passage nähern, einer Engstelle, einer kurzen, steilen Rampe, wo der Kampf losgehen kann: Ich nehme meinen Kapitän in den Schlepptau, um ihn an die Spitze des Feldes zu bringen. Man muss die Ellbogen reiben, man muss die Schultern spielen lassen, man muss ein wenig drängeln. Man muss stark sein, denn die Tempoverschärfung ist brutal. Warum? Um möglichst viele Verfolger auszuschalten. Warum? Damit unser Kapitän gewinnt! Und er ist derjenige, der am Ende den Blumenstrauß bekommt? Ja, aber ich bekomme eine Blume! Weißt du, wie du mit deiner Blume aussiehst?

So entschied ich mich für meinen Vorruhestand. Ich bin Helfer. Darum muss er nicht lange fragen, warum sein Teller voll ist. Seinen Blumenstrauß kann er sich selbst holen.

Mein Rad

Dieses Jahr habe ich das Team gewechselt, und wenn man das Team wechselt, wird alles gewechselt: Man tauscht Mannschaft und Gegner, denn aus alten Kollegen werden neue Gegner, man wechselt den Betreuerstab, die Trainingsmethoden und das Material.

Mein Dress war blau und braun, jetzt ist er rot. Mein Rad war ein Colano und jetzt habe ich ein Negroni geerbt. Schon als ich es aus dem Karton zog, konnte ich es nicht ausstehen. Dieses Rad ähnelt einem Panzer und ich werde mich nicht draufsetzen. Um das Maß voll zu machen, war die Zeitfahrmaschine, die man mir anschließend brachte, noch schrecklicher.

Ich bin pingelig und anspruchsvoll und deswegen unausstehlich. Aber die Mechaniker mögen mich am Ende, denn sie begreifen schnell, dass ich mich auskenne und meine Wünsche nicht nur Launen sind. Der Chefingenieur von Negroni hat mir erklärt, dass das Rad akribisch im Windkanal getestet wurde und nichts, nicht ein einziges Kabel und kein Grat mehr herausragt. Die Rohre seien »oberflächenbehandelt« (ich erfinde nichts). Es wurden Farben gewählt, die im Fernsehen heller leuchten.

»Nun, wenn ich Ihnen glauben darf, dann ist es also vollkommen. Sie haben nur vergessen, es schön zu machen. Schönheit gibt es, sogar bei Fahrrädern. Ich verlange nichts Unmögliches, ich weiß ja, dass wir nie zu den feinen, eleganten Rahmen aus Stahl zurückkehren werden. Ich weiß, dass Plastik der König ist, weil es dem Hersteller eine Menge Geld bringt, aber trotzdem! Hässlichkeit hat ihre Grenzen!«

Ich schmolle, und der Ingenieur, der es satt ist, schickt mich zur Fabrik.

Ich habe einen Termin mit dem Chef unseres Ausrüsters, dem glücklichen Hersteller dieser Monster. Ich finde ihn in seiner Fabrik und bitte ihn, mir auf der Stelle ein anderes Rad nach meinem Geschmack und meinen Maßen zu bauen. Er zuckt nur mit den Schultern.

»Sieh mal, Kleiner, wir bauen Räder und du trittst in die Pedale. Jedem seine Aufgabe. Also tritt in die Pedale.«

Das hat mir natürlich nicht geschmeckt. Ich bin sauer und schmolle weiter.

Und dann mache ich mich wieder auf den Weg und trete in die Pedale, denn schließlich ist das mein Job. Ich pedaliere. Und während ich pedaliere, sehe ich mir die Räder der anderen an. In Wahrheit möchte ich gern mein Rad der letzten Saison zurück. Mit Neid blicke ich auf meine alten Mannschaftskameraden. Ich sehe die Farbe des Rahmens, die ich so mag. Aber vor allem sehe ich das hintere Schaltwerk mit dem Akku, der direkt oben drauf sitzt. Wir haben jetzt alle elektronische Schaltungen, die mit einer Batterie arbeiten, ganz ohne Kabel und Züge. Meine Batterie steckt unerreichbar im Rahmenrohr. Ihre befindet sich vorn und hinten direkt auf Umwerfer und Schaltwerk. Lässt sich im Falle des Falles blitzschnell austauschen.

Die Vorstellung eines leeren Akkus macht mich wahnsinnig. Die Vorstellung, im Rennen am Ende meiner Kräfte nur noch einen einzigen Gang zu haben und das Peloton davonziehen zu sehen, ist einfach unerträglich. Ich will eine Sim-Red-Schaltung haben, das einzige System mit Außenbatterie: Du steckst dir zwei volle Ersatzakkus in die Tasche und hast deine Ruhe. Verlangt ja keiner einer Mondreise! Mein Rad ist also nicht nur hässlich, sondern auch gefährlich.

Ich hab's aufgegeben, es über die Mannschaftsleitung zu versuchen und Teammanager und sportliche Leiter zu beknien, es sind alles Chefs. Ich habe mich mit den Mechanikern verbündet. Sie haben sofort mein Problem verstanden. Sie scheinen sogar eher meiner Ansicht. Ich stecke ihnen heimlich mein altes Colano zu, und sie machen sich an die Arbeit. Sie wissen, dass diese Art von Kosmetik früher im Peloton gang und gäbe war, und sind froh, sich einmal selbst daran zu versuchen. Sie schleifen den Colano-Rahmen, lackieren ihn in Negroni-Farben neu und machen schöne, hauseigene Sticker drauf, fertig ist die Laube. Ich fahre ein falsches Negroni, das wie ein Colano rollt. Ich bin glücklich, lasse es aber nicht allzu deutlich durchblicken, und fürs Mannschaftsfoto stelle ich mich so vor mein Rad, dass man nur Lenker und Hinterrad erkennen kann. Ich finde meine alte Position wieder und juble.

Am Fuße des Ventoux gebe ich die ersten zwei Kilometer alles und lasse mich dann zurückfallen, bis das Gruppetto kommt. Es geht gemächlich aufwärts, da bleibt Zeit für einen kleinen Plausch. Chouchard, ein ganz alter Hase, ist an meinem Hinterrad und rollt auf meine Höhe. Seine Augen bleiben an meiner Maschine hängen:

»Sag mal, als Neuer im Team wurdest du ja wahrlich nicht verwöhnt! Da haben sie dich echt ganz schön reingelegt! Dein Negroni ist ja hässlich wie die Nacht!«

Die erhobene Hand

Allein schon an der Art, sich brutal im Peloton zurückfallen zu lassen, aber auch an der ungewöhnlich heftigen Geste, mit der er die Hand hob, um den Teamwagen zu rufen, erkannte der sportliche Leiter am Steuer, dass irgendwas nicht rund lief. Denn üblicherweise benahm sich sein Kapitän auf dem Rad nicht derart impulsiv, er war eher einer von der versöhnlichen Sorte, energische Gesten gehörten nicht zu seinem Repertoire. Diese nervöse Hand verhieß nichts Gutes.

Der Fahrer ließ sich an die Seite des Autos gleiten und stützte sich auf den Türrahmen. Durch das heruntergelassene Fenster sprach er den Mechaniker an, der sprungbereit auf dem Rücksitz hockte:

»Was habt ihr an meinem Sattel gefummelt? Ich sitze zu tief! Meine Position stimmt nicht. Gebt mir mein anderes Rad.«

Der sportliche Leiter hielt am Straßenrand. Der Mechaniker sprang aus dem rollenden Auto, löste das Ersatzrad vom Dach und hielt es dem Fahrer hin, der es zwischen die Beine nahm. Der Mechaniker gab ihm einen kräftigen Schubs in den Rücken und lief mit, bis er in die Pedale einklickte und in Gang kam. Dann machte sich der Fahrer auf die Verfolgung des Pelotons.

Der Mechaniker klemmte das zurückgebliebene Rad wieder aufs Dach und nahm im Auto Platz. An Bord herrschte die lastende Stille der schwierigen Momente. Der sportliche Leiter biss die Zähne zusammen. Was hatten diese Hurensöhne von Mechanikern schon wieder angestellt? Der Tourfunk spuckte die Infos aus: Der zurückgefallene Fahrer schlängelte sich durch die Wagenkolonne wieder zurück ans Peloton heran. Kein Grund zur Sorge, sehr schnell würde er seinen Platz wieder einnehmen.

Als das Rennen zehn Kilometer später die ersten Kehren des Passes erreichte, ließ sich der Fahrer erneut heftig mit den Armen rudernd nach hinten zurückfallen. Der sportliche Leiter trat aufs Gas, um so schnell wie möglich auf seine Höhe zu kommen, das war jetzt wirklich nicht der Augenblick, Zeit zu verlieren.

»Mein Sattel steht zu hoch. Was ist das für ein Mist! Wenn ihr euren Beruf nicht könnt, sucht euch schnell einen anderen! Gib mir das andere Rad zurück.«

Der Mechaniker stieg ohne einen Mucks schnell aus, nahm das Rad vom Auto, tauschte die beiden Maschinen und schob ihn wieder an. Mit einer Serie von Flüchen nahm der Fahrer wieder Fahrt auf. Während er ihn anschob, hatte der Mechaniker ihm einen kleinen Inbusschlüssel in die Trikottasche gesteckt:

»Nächstes Mal stellst du ihn dir selbst ein.«

Er kehrte zum Auto zurück, nahm wieder Platz. Der sportliche Leiter ließ die Reifen quietschen und brüllte nach hinten:

»Was habt ihr da wieder mit diesem Sattel gemacht, verflucht! Den richtig auszumessen, ist doch wirklich nicht schwer. Gib zu, dass man das erst mal hinkriegen muss: mal zu hoch, mal zu tief, einfach Weltklasse!«

»Aber nein, wir haben nichts gemacht. Die Räder sind auf den Millimeter gleich, beide Sättel auf exakt derselben Höhe wie immer. Du siehst doch, dass es da um etwas anderes geht. Für ihn gibt's heute keine richtige Sattelstellung mehr. Der ist ganz einfach durch, und du wirst sehen, in zehn Kilometern gibt er auf und wir dürfen ihn aufsammeln...«

Spannung

Es gab einen Augenblick extremer Spannung. Ich war gerade vorn und ohne mich umsehen zu müssen, spürte ich in meinem Rücken, dass sie alle am Ende ihrer Kräfte waren. Ihre erschöpften Atemzüge schoben mich vorwärts. Eine nach der anderen gab auf, und jedes Mal war es eine kleine Genugtuung, eine Einladung, noch härter in die Pedale zu treten. Dabei wusste ich, mein Angriff kam zu früh, zu weit vor dem Gipfel. Der Berg war lang und wurde in seinem Verlauf immer steiler. Aber mein Körper hatte vor meinem Kopf entschieden. Er spürte, hier war der Ort, an dem es wehtun musste. Bestimmt kamen den anderen Fahrerinnen einige Sekunden lang Zweifel: »Was macht sie denn da? Es sind noch 15 Kilometer bergauf.« Dieses winzige Zögern, dieses leichte Zurückweichen vor der Stunde der Qual, die ich ihnen auferlegen würde, verwandelte sich für sie in einen moralischen Rückschlag. Jede hatte ihre Chance gesucht, und ich habe sie alle eine nach der anderen abgeschüttelt, auf der Straße fallengelassen wie der kleine Däumling seine Steinchen. Eine Kehre weiter sah ich sie schon unter mir. Nur Floriane und Marianne musste ich noch loswerden. Mit dem Ellenbogen machte ich ein Zeichen und fuhr für die Ablösung zur Seite. Floriane überholte ohne zu zögern, konzentriert, fest in ihrem Rhythmus. Marianne dagegen gab mir ein Zeichen, ich solle gleich an Florianes Hinterrad bleiben, weil sie nicht mehr in der Lage wäre, zu übernehmen. Sie schaukelte mit dem Kopf und fuhr auf dem Zahnfleisch. Lange würde es nicht mehr dauern. Sie legte einen noch kleineren Gang auf, um ein wenig Erleichterung zu suchen, die sie nicht mehr finden würde.

Fünf Kilometer lang lösten wir uns ab, um den Abstand zu vergrößern, Floriane und ich, mit Regelmäßigkeit und Effizienz bewahrten wir uns die Abrechnung für ganz oben auf. Hinter uns hackte Marianne weiter in die Pedale, war aber immer noch da. Ihr Gesichtsausdruck einer Halbtoten ging mir auf die Nerven. Um sie zu testen, bin ich ein Stück zur Seite ausgeschert und habe ihr mit der Hand einen kleinen Wink gegeben, die Aufforderung, sich an der Führungsarbeit zu beteiligen. Sie schüttelte nur ihren Kopf und reihte sich wieder hinter mir ein. Dann habe ich knackig beschleunigt, um sie loszuwerden. Floriane ist mir gefolgt, Marianne fiel sofort zwei Radlängen zurück, und ich trat an der Spitze meinen Rhythmus weiter.

Weil sie nicht auf meine abrupte Tempoverschärfung reagiert hatte und mit gleichmäßigem Einsatz weitergefahren war, rollte Marianne einen Kilometer weiter wieder zu uns auf. Sofort bin ich zur Seite, damit sie vorfährt, aber sie zeigte mir gleich, wie erschöpft sie sei und dass sie nicht mehr übernehmen könne.

Auf ihrer Maschine zusammengefaltet hielt sie sich hinter uns und begann, Jo-Jo zu spielen: einen Meter verlieren und wieder zurückkommen, zwei Meter verlieren und wieder zurückkommen… Im Zickzack fuhr sie über die Straße und biss sich fest.

Fünf Kilometer vor dem Gipfel haben wir sie vergessen, denn jetzt begann zwischen Floriane und mir der Zweikampf. Ich wollte ihr ein paar Minuten mehr im Gesamtklassement abnehmen, um mir vor ihrer Spezialität, dem Zeitfahren, etwas Sicherheit zu verschaffen. Ich verschärfte etwas den Druck, ohne wirklich anzutreten, nur ein wenig mehr Kraft auf dem Pedal und eine leicht gesteigerte Trittfrequenz. Sie folgte problemlos. Sie löste mich ab und erhöhte ihrerseits den Druck. Ich setzte hinterher und spürte, dass ich von meinem Maximum nicht mehr weit entfernt war. Mein Bordcomputer bestätigte es: Wir näherten uns dem roten Bereich. Darum beschloss ich, aus ihrem Rücken heraus über die andere Straßenseite eine scharfe Attacke zu fahren. Sie war zwar kurz überrascht, ging dann aber aus dem Sattel und fuhr wieder an mein Hinterrad heran. Es würde also schwer sein, sie loszuwerden, und ich riskierte damit nur, mich selbst zu grillen und ihr den Sieg zu schenken. Also entschied ich, den Sprint abzuwarten, darin war ich die Stärkere. Egal, wenn ich ihr heute keine Zeit abnahm. Ich würde meine eigenen Stärken im Kampf gegen die Uhr in die Waagschale werfen und es ihr im Zeitfahren schon zeigen.

500 Meter vor dem Ziel setzte sie sich an die Spitze, was mir nur recht war: Aus der hinteren Position könnte ich sie bei 200 Metern angreifen. Dazu aber ließ sie mir gar nicht erst die Gelegenheit, denn an der 300-Meter-Marke ging sie von vorn selbst aus dem Sattel. Sie war sich ihrer Sache sicher. Ich klemmte mich in ihren Windschatten, in der Absicht, diesen so spät wie möglich zu verlassen. Bei fünfzig Metern warf ich den Turbo an, kam auf Höhe ihres Tretlagers, dann des Vorderrads, die Sache war geritzt, ich würde gewinnen.

In diesem Augenblick tauchte von links die scheintote Marianne auf und stürzte mit hochgerissenen Armen vor uns über die Ziellinie. Die kleine Ratte!

Mit Floriane gab es einen kurzen Blickwechsel, ein Blick, der vielsagend war und besagte: Diese miese kleine Arschkrampe, diese Lutscherin, sie hat uns für Windbeutel gehalten und die Komödie der Erschöpfung abgezogen, um an unseren Hinterrädern ihre Kräfte zu sparen und uns auf der Zielgeraden abzufangen, die Kuh kann sich drauf gefasst machen, dass wir ihr eine lustige letzte Rennwoche bescheren.

Zu Tisch

Zu gern hätte ich mich im Peloton mit den Alten an den Tisch gesetzt… Das war an einem Arbeitstag ein schöner Moment. Man nahm das Tempo raus und jeder schnappte sich seine Musette, die ihm der Betreuer am langen Arm hinhielt. Man schlang sie sich um den Hals, und schon beim Öffnen war es ein Fest. Hühnerfrikassee, ein dickes Sandwich mit Frischkäse und Honig, eine Banane und vor allem ein Reiskuchen. Für Reiskuchen habe ich eine ganz besondere Schwäche: Sie sind süß, nahrhaft und mit kandierten Früchten drin schmecken sie noch besser. Wenn die Alten nach diesem Dessert wieder den Schnellgang einlegten, fühlten sie, wie der Kuchen sich in ihren Schenkeln auflöste und ihnen einen Schub nach vorn gab.

Natürlich gab es von Zeit zu Zeit einen ganz Schlauen, der den Spaß verdarb und sich den »Verpflegungstrick« erlaubte. Der zog morgens schon mit den Trikottaschen voller Essen los und wenn die Stunde der Musette gekommen war, gab er Vollgas und ließ die kauenden Gegner mit vollem Mund am Wegesrand ersticken. Das war ein kecker Trick, der mehr von einem Witz als von kluger Taktik hatte, und meist funktionierte er nur zu Beginn. Die

Zurückgebliebenen zahlten mit kleinen Verdauungsbeschwerden, schließlich mussten sie wieder volle Fahrt aufnehmen.

Wenn ich aber sehe, wie wir es heute machen, wird mir bewusst, wie sehr sich der Radsport verändert hat. Zunächst wird nach dem Verpflegungsbeutel gegrapscht, ohne Tempo rauszunehmen. Bei 40 km/h wirbelt die Musette einige Male herum und genauso sieht es dann auf der Straße aus. Wehe dem, der eine verstreute Trinkflasche zwischen die Räder bekommt! Sobald man sich die Musette geschnappt hat, beeilt man sich, ihren halben Inhalt wegzuwerfen. Dabei wäre es wirklich nicht schwer, in aller Ruhe zu essen! Aber nein, alles, was man nicht mag oder worauf man keine Lust hat, wird weggeworfen, dann stopft man sich mit dem Rest die Taschen voll, wirft den Beutel in den Graben und beugt den Kopf wieder über den Lenker. Stück für Stück kaut man auf einem Essen herum, das kein Essen mehr ist: Gels, Riegel, Tabletten. Allein die Namen sind unverdaulich. Man ruft ganz laut, was für ein Dreck das ist, und der kleine Knopfhörer im Ohr antwortet: »Heute Abend beim Essen holst du alles nach.«

Man muss nämlich wissen, dass die Herren Chefs im Peloton nicht mehr selbst ihre Arme ausstrecken, um ihre Musette in Empfang zu nehmen. Zu groß ist die Angst, man könne sie ihnen entreißen. Es sind Wasserträger wie ich, die sich zum Musetteträger fortbilden, was im Peloton für weiteres Durcheinander sorgt. Und alles, ohne Tempo rauszunehmen. Es wird nicht mehr gekaut, nicht mehr verdaut, das Gel rauscht sofort in den Quadrizeps. Rumms! Hinten einen Zahn kleiner schalten, und weiter geht's. Wir sind eine verlorene Jugend. Man muss das Leuchten in unseren Augen sehen, wenn man uns nachmittags eine halbe Dose Cola anbietet. Coca-Cola!

Und abends haben wir uns im Hotel nach Massage und Dusche ein Festmahl verdient: ein Stückchen Hühnerbrust mit einer halben Avocado. Der Manager ist auf eine kluge Idee gekommen, um uns diese Diät schmackhaft zu machen. Er bittet die Ernährungsberater an unseren Tisch. Haben Sie schon einmal versucht, vor den Augen eines Ernährungsberaters zu essen?

Als Erster im Anstieg

Ich bin in der Abfahrt allein rausgejagt. Ich bin das Risiko eingegangen, weil ich mich gut fühlte, ganz klar im Kopf, will die Tempowechsel vermeiden, diese brutalen Antritte der reinen Kletterer am Fuß des letzten Passes. Vom großen aufs kleine Kettenblatt zu wechseln und dazu den richtigen Rhythmus für den Anstieg zu finden, ist allein schon schwer genug, und wie leicht kann das nach hinten losgehen.

Ich habe den Schlussanstieg mit einem kleinen Ruhepolster von einer Minute begonnen. 25 Zähne sind aufgelegt, und ich orientiere mich an einer Trittfrequenz von 90 Umdrehungen. Die ersten fünf Kilometer verlaufen ganz regelmäßig mit acht Prozent Steigung. Am Streckenrand zwischen Straße und Wiese stehen Dutzende Autos, Wohnmobile, Campingwagen. Bei einer Bergankunft am 14. Juli zieht dieser Pass die Massen an. In weißen Buchstaben haben Fans Namen auf die Straße gemalt, die ich nicht entziffern kann. Viele Räder lehnen an den Randsteinen längs der Straße. Radfahrer, die mich anfeuern. Nach fünf Minuten Anstieg, zehn Kilometer vor dem Gipfel, zeigt die Frau mit der Schiefertafel mir einen Vorsprung von zwei Minuten an. Mir geht es gut. Ich erhöhe das Tempo. Lieber den Augenblick verschieben, an dem die Meute mich einholen wird. Meine Beine sind gut. Ich kann das Tempo variieren. Ab und zu gehe ich in den Wiegetritt. Ich habe keine Rückenschmerzen. Ich schalte auf das 23er-Ritzel, und meine Kadenz lässt nicht nach. Ich klettere schnell. Der Gipfel kommt Stück für Stück näher, und ganz allmählich wird die Menge am Straßenrand dichter. Man ruft meinen Namen. Ein Kerl mit nacktem Oberkörper rennt einige hundert Meter auf meiner Höhe. Ich kann nicht sagen, ob er sehr schnell ist oder ich sehr langsam. Er brüllt irgendwas, doch von dem, was er sagt, verstehe ich kein Wort. Fünf Kilometer vor dem Gipfel verengt sich die Straße und auf beiden Seiten presst sich das Publikum in Dreierreihen. Sie lassen mir nur einen ganz engen Durchlass, und ich kann meinen Weg nicht mehr wählen. Ich gehöre nicht mehr mir. Sie brüllen, schwenken Flaggen, gestikulieren. Ihre Fäuste streifen mich, ihre Gesichter kommen meinem ganz nah, ich fürchte um mein Gleichgewicht. Alles schließt sich vor mir. In allerletzter Sekunde weicht man aus. Ich bin taub. Jetzt bin ich nicht mehr Herr der Lage. Ich bin dazu verdammt, blindlings dem winzigen Pfad zu folgen, der sich meinem Vorderrad öffnet. Wahrscheinlich bin ich am Ende meiner Kräfte. Ganz flüchtig denke ich an die Ruhe der Wälder, in denen ich trainiere. Einen Zuschauer schiebe ich mit der Hand weg und verlasse kurz meine Linie. Die Menge weicht einen Augenblick lang zurück und rückt sogleich wieder zusammen. Ich kann keine Straße mehr sehen, weiß nicht mehr, wo ich bin.

Die Heftigkeit der Schreie verzerrt meinen Namen. Ich fahre mit Vollgas, aber ohne jede Absicht. Wie lange kann ich dieses Tempo durchhalten? Wo sind die anderen? Werden sie hinter mir von der Menschenmenge eingepfercht? Man wirft mir eine Fahne über die Schultern, und plötzlich befinde ich mich, im Schutz der Absperrgitter, mitten auf einer leeren Straße – die letzten 500 Meter. Ich bin allein. Als wäre es eine Halluzination. Die Zuschauer schlagen mit aller Kraft auf die Bandenwerbung an den Absperrungen und veranstalten ein mörderisches Tamtam. Um ihrem höllischen Rhythmus zu folgen, beschleunige ich noch einmal.

Die Ziellinie. Erhobene Arme. Die Schreie. Wer drückt mich da so fest an seine Brust? Man schlägt mir in den Rücken, umarmt mich noch mal und schleift mich mit. Und schon ein Mikro. Daran denken, was mir der PR-Typ des Teams gesagt hat: Die Mannschaft ist fantastisch, die Marke ist zuverlässig, das Material haltbar, ich hatte die Beine, ja, es ist mein schönster Sieg, eine Bergetappe der Tour. Vor allem lächeln. Man schleift mich mit. Jetzt heißt es, hierhin laufen, dann dorthin. Zieh das hier mal über, ein sauberes Trikot. Das Protokoll beachten, dem Protokoll folgen. Jetzt zieh die Radschuhe aus und diese hier an. Gib mir deinen Helm, kämm dich. Vergiss nicht, deinen Kirschsaft zu trinken. Podium, Podium! Hier geht's lang.

Und ich frage mich, wann genau mein Körper endlich die Zeit findet, mir zu sagen, dass ich erschöpft bin…

Schlachtross

Ein harter Schlag: Unser Kapitän hat das Gelbe Trikot erobert. Keine Wahl mehr, nun heißt es, den ganzen Tag vorn sein, kontrollieren und beschützen, genauer gesagt, alle anderen kontrollieren und das Gelbe Trikot beschützen. Wir sind zu sechst: einer vor dem Mann in Gelb, einer dahinter, unverrückbar. Bleiben also noch vier in vorderster Front, um Wind zu fressen und unermüdlich dicke Gänge zu drücken.

Fünf Fahrer sind ausgerissen. Sie haben vier Minuten Vorsprung. Sie dürfen nicht eine Minute mehr bekommen, aber gleichzeitig sollen sie auch nicht eingeholt werden. Wir müssen sie genau auf diesem Abstand halten. Holen wir sie zu schnell ein, werden andere das ausnutzen. Idealerweise stellen wir sie fünf Kilometer vor dem Ziel, wenn die Sprintzüge in Gang gekommen sind und es unmöglich wird, irgendetwas auf eigene Faust zu unternehmen.

Ich hab nichts dagegen, Wind zu fressen, aber Gleichmäßigkeit ist nicht meine Stärke. Irgendwann stand in *L'Équipe*, ich sei ein »echtes Schlachtross«. Das macht mir nichts aus, denn ich bin ein echtes Schlachtross und stolz darauf. Mich kommt man holen, wenn es schneit oder

Frösche regnet, wenn der Eiswind schneidet oder eine Windstaffel formiert werden muss. Mich kommt man holen, wenn der Kapitän sich in der Pampa verirrt hat und nach Hause gebracht werden soll, ich bin vorn, wenn auf dem Kopfsteinpflaster der Reigen eröffnet wird. Ich bin auch »jung und unbekümmert«, wie das *Rouleur*-Magazin geschrieben hat. Auch das stimmt; ich habe keinen Karriereplan, keine Lebensaufgabe. Ich fahre gern, wie es mir gefällt, und wenn es mir nicht gefällt, hänge ich gern im Bauch des Pelotons ab, halte mit den Kollegen ein Schwätzchen, denke mir ein Paar Späße aus, die uns die Zeit vertreiben und alle zum Lachen bringen. Ich bin der König der Spaßvögel, mache mich über die kleinen Macken des einen oder anderen lustig, ziehe ihre Eigenarten ins Lächerliche. Im Peloton wird selten gelacht, Radrennfahrer haben finstere Gemüter, sie haben lauter Sorgen. Ich drücke ihnen auf die Bremshebel und schalte dabei den Gang, meine Musette lasse ich über mir kreisen wie einen Hubschrauber, bevor ich sie über die Köpfe der anderen hinweg in den Graben schleudere. Ich halte meine Nase dicht in die Kamera, wenn sie in die Nähe kommt, nehme die Hände vom Lenker, um den Kasperl zu spielen, ich mache einen Wheelie am Ende des Feldes. Man filmt mich, und das Publikum kennt mich als Clown. Die Presse schreibt »jung und unbekümmert«, das klingt feiner.

Und so versteht man ohne Schwierigkeit, warum ich das Gelbe Trikot nicht mag. Ich führe selten das Feld an, mein täglicher Horizont sind Rücken und Hinterräder. Ich vertraue meinen Kollegen und folge ihnen: Das Peloton zieht sich in die Länge und ich mit ihm, es verdichtet sich und ich kauere mich ebenfalls zusammen. Meine Landschaft besteht aus Rücken, die Räder sind meine Straße. Jetzt, da ich gezwungen bin, den ganzen Tag lang vorn zu sein, habe ich Zeit, eine andere Welt zu entdecken. Ich spüre das Peloton in meinem Rücken, fühle seinen Atem, seine Kraft, ich höre sein Geräusch, das aus Wind, Geraune, Rufen und drehenden Kugellagern besteht, doch vor mir entdecke ich, was man uns so alles auf die Straße gestellt hat, um sie gefährlicher zu machen.

Wir kommen an einen Kreisverkehr. In seiner Mitte ist ein kleines Gebüsch, das die Sicht auf den weiteren Streckenverlauf verdeckt. Ich habe die Wahl zwischen links und rechts. Hier sollte man lieber keinen Fehler machen, denn die meisten Kreisverkehre sind hinterhältig – sie haben eine schnelle und eine langsame Seite. Ist man auf der falschen, sind schnell zwanzig Plätze futsch, die man dann hübsch wieder aufholen darf. Den Ausgang nutzt ein Fahrer, um sich zwei, drei Radlängen abzusetzen. Ich nehme den Hintern hoch und setze nach. Er muss ins Glied zurück. Ich klebe mich an sein Hinterrad und rühre mich nicht mehr. Er muss begreifen, dass sein Unterfangen zum Scheitern verurteilt ist. Nie wird er die vier Minuten auf die Ausreißer zufahren, sein Versuch kann nur schiefgehen. Es ist in seinem Interesse, den angestammten Platz im Peloton wieder einzunehmen und brav zu bleiben. Ich löse ihn ab und werde deutlich langsamer. Jetzt hat er verstanden und reiht sich wieder ein. Ich setze mich wieder an die Spitze und beginne erneut meine Inventur der Gemeinheiten, die den Weg säumen. Verkehrsberuhigungen, die nichts beruhigen, Sicherheitsbaken, die nichts sicherer machen, Pfosten und Pfähle, Barrieren, Halbinseln, die als Trennelemente für Radwege dienen, kleine Curbs, Bodenschwellen, Betonkissen, Absperrungen mit ausladenden Sockeln und dann Kreisverkehre und immer wieder Kreisverkehre, bis einem schlecht wird.

Meistens überspringe ich die Hindernisse, so sehr geht es mir gegen den Strich, sie zu umfahren und ständig ausweichen zu müssen. Ich reiße das Rad an Pedalen und Lenker hoch und springe auf die Verkehrsinsel oder die Erhebung mitten im Kreisverkehr. Wer mich liebt, der folge mir. Ich höre die Bremsen hinter mir kreischen. In Wahrheit langweile ich mich da vorn; permanent konzentriert muss man dort sein, auf Dauer ist das zermürbend. Die Etappe ist lang, und ich tue alles, damit sie noch langweiliger wird. Ich fabriziere Zeit, die für das Rennen verloren ist. Jeden, der ein wenig Leben oder Kurzweil in die Bude bringen möchte, bringe ich zur Räson. Ich glätte die Tour. Ich erzeuge Monotonie, produziere maximale Öde. Zu Hause im Sessel würde ich mir ein solches Rennen nie im Fernsehen ansehen. Ich würde mir ein neues Glas einschenken, pinkeln gehen, draußen ein bisschen frische Luft schnappen und mir die Beine vertreten, um bei meiner Rückkehr das Rennen genauso vorzufinden, wie ich es verlassen habe.

Langsam bin ich es leid, wie ein Verdammter in die Pedale zu treten. Im Innern des Pelotons schaltet man ab, rollt im Windschatten mit, arbeitet halbtags; vorne indes ist es ein Straflager, immer nur ballern, ballern, ballern.

Ich bekomme Anweisung über Funk: Es wird Zeit, die Maschine anzuwerfen, um die Ausreißergruppe einzuholen. Ich erhöhe schrittweise das Tempo von 42 auf 50 km/h. Das wird das einzige Ereignis meines Arbeitstags sein. Ich bin erleichtert, denn das bedeutet, wir nähern uns dem Ziel. Ich gehe in den Unterlenker, beuge die Ellenbogen, und los geht's für zehn Kilometer mit voller Last. Wir bilden eine Reihe und lösen uns ab. Jedes Mal, wenn ich mich ans Ende der Reihe fallen lasse, achte ich darauf, dass unser Gelbes Trikot noch da ist und nicht von der Meute verschluckt wurde. Wir haben keinerlei Siegambitionen, peilen keinen der vorderen Plätze an, wir wollen nur das Trikot bis drei Kilometer vor dem Ziel vorne halten. Die Stürze im Finale passieren vor allem in der hinteren Hälfte des Pelotons. Vorne ist die sicherste Zone.

Bis hierhin haben uns alle anderen nur zu gern die Führungsarbeit überlassen. Jetzt wird ein anderes Lied angestimmt, die Sprintzüge machen sich an die Arbeit. Zu meiner Linken spüre ich den ersten kommen. Der Kerl, der auf meine Höhe zieht, war mal Weltmeister und führt fünf

Kilometer vor dem Ziel den Reigen an, hinter ihm halten sich drei Monster zum Sprung bereit. Ich drücke ordentlich drauf, wir sind jetzt mit 60 Sachen unterwegs. Rechts nähert sich der Zug von Française. Auch da nur Großkaliber. Ich beschleunige, um meine Position zu halten, meine Mannschaftskameraden lassen die Arme sinken, sie haben Schwierigkeiten, an meinem Hinterrad zu bleiben. Ich hoffe, hinter uns hält das Gelbe Trikot durch. Und dann taucht der blaue belgische Zug auf. Ich bin winzig zwischen diesen Kolossen, die ihre geballte Kraft in die Waagschale werfen und Wellen durch das gesamte Peloton laufen lassen. Die Maschine ist in voller Fahrt, nichts kann sie mehr aufhalten.

Ich erreiche die Drei-Kilometer-Marke. Selbst wenn jetzt noch irgendwas schiefgehen sollte, werden ab hier alle mit der Zeit des Ersten gewertet, ich kann sie also ziehen lassen. Keine hundert Meter länger hätte ich es unter diesen Kerlen ausgehalten. Man kann von Schlachtrössern sagen, was man will... Ich richte mich auf und weiche nicht von meiner Linie – sogleich werde ich vom Peloton verschlungen. Meine Herren Sprinter, das junge, unbekümmerte Schlachtross grüßt euch herzlich.

Abfahren

Die Welt ist schlecht beschaffen. Denn idealerweise müsste eine Abfahrt vor dem Anstieg kommen und nicht erst danach. Die Organisatoren sollten Gipfelstarts organisieren. Für Abfahrten muss man in Form und frisch sein. Wenn du auf der Passhöhe ankommst, bist du zwangsläufig ausgeglüht, entweder, weil du mit höchstmöglichem Tempo auf Sieg gefahren bist oder weil du über die Maßen erschöpft warst und eine Agonie von Anstieg hinter dir hast. Du stürzt dich in die Abfahrt und findest kaum Zeit, den Reißverschluss des Trikots zu schließen, kaum Zeit, einen Schluck zu trinken. Du bist schon auf der größten Übersetzung, und gleich am Ausgang der ersten Kehre musst du voll beschleunigen. Die Oberschenkel schreien auf.

In einer Abfahrt gibt es keine Muße. Man braucht Augen und Beine. Man gibt alles und darf keinen Unsinn machen. Man setzt seine Haut aufs Spiel. Ich habe mich an Marcos Hinterrad gesetzt. Er ist nach mir über den Gipfel und hat mich in der ersten Haarnadelkurve innen überholt. Ich bleibe auf zwei Meter Abstand und richte mein Tempo nach ihm. Marco weiß, wie man abfährt. Man darf nicht glauben, Abfahren bedeute, sich ins Tal gleiten zu lasen. Um gut abzufahren, muss man schneller als die Straße sein. Nie darf man ihr nur folgen, sondern muss sie beherrschen. Deshalb muss man frisch und ausgeruht sein.

Marco ist ein schneller Abfahrer, auch wenn man es nicht sieht. Nie stellt er in den Kurven sein Knie nach innen aus. Seine Bremsungen sind kurz und trocken mit Schwerpunkt auf der Vorderradbremse. Seine Linie ist makellos: Er kommt von außen, visiert den Scheitelpunkt an und stürzt sich in die Kurve, kommt ganz am äußeren Rand heraus, ganz knapp vorm Abhang, und schon ist er im Wiegetritt, um wieder Tempo aufzunehmen.

In einer Abfahrt darf man nicht nachdenken. Man darf nicht darüber nachdenken, dass man mit 90 Stundenkilometern auf 22 Millimeter breiten, auf zehn Bar aufgepumpten Schlauchreifen unterwegs ist. Man darf nicht darüber nachdenken, dass man auf einem Carbonrahmen sitzt, der gespannt ist wie ein Flitzebogen. Man darf nicht an Frau und Kind denken. Nicht an den Rettungshubschrauber oder das Krankenhaus im Tal. Das alles muss man im Kopf haben, ohne daran zu denken. Dagegen sollte man stets daran denken, schneller zu werden. Immer schneller.

Marco hat mich fünf Meter abgehängt, und ich verstehe es nicht. Wir haben die gleichen Maße, dasselbe Gewicht, das gleiche Material, ich kann Rad fahren wie er, und trotzdem nimmt er mir fünf Meter ab. Ich beschleunige und kann ihn doch nicht einholen. An der nächsten Spitzkehre verändere ich meinen Bremspunkt, um schneller in die Kurve zu kommen, und werde viel zu weit hinausgetragen, beide Reifen kommen auf den Randstreifen. Den Sturz kann ich gerade noch vermeiden, beschleunige erneut und habe schon wieder zwei Meter verloren. Ich bin nicht mehr in seinem Windschatten. Auf der Suche nach Geschwindigkeit nehme ich eine noch windschlüpfrigere Position ein und sehe ihn das Gleiche tun. Ich werde es schaffen. Es fühlt sich so an, als würde ich den Verlauf der Straße bestimmen. Ich komme ein wenig zu schnell in die Haarnadelkurve und mein Hinterrad blockiert für einen Moment. Ich gerate ins Rutschen, richte mich aber sofort auf, um wieder auf Tempo zu kommen.

Marco beschleunigt noch mal und plötzlich spüre ich, dass ich gleich auf die Schnauze fallen werde. Wenn ich ihm folge, werde ich in der nächsten Kehre einfach geradeausschießen, über das Mäuerchen fliegen und ins Nichts fallen, ich werde auf einer Wiese landen und durchs Geröll rutschen. Und schon habe ich zehn Meter verloren. Warum kriegen die einen die Kurve, wo andere nur geradeausfahren? Warum schafft er in derselben Kurve zwei km/h mehr als ich? Ich habe in der Kehre einiges aufs Spiel gesetzt, bremse spät, gehe mit vollem Tempo durch und komme sauber raus, gehe aus dem Sattel und drücke wie irre und verliere wieder drei Meter. Plötzlich spüre ich die Kälte der Abfahrt, meine Finger werden beim Bremsen steif. Ich muss langsamer machen, sonst werde ich verkrampfen, und in einer Abfahrt gibt es nichts Schlimmeres als das. Marco verschwindet in einer Kurve. Jetzt hat er eine Serpentine Vorsprung auf mich. Ich sehe ihn nicht mehr und weiß nicht mehr, wie ich mich anstellen soll. Meine Bremswege werden länger, ich strecke die Knie aus, in den Rechtskurven verlagere ich meinen Oberkörper nach links, um die Zentrifugalkraft zu kompensieren, ich verhärte mich. Es ist idiotisch, denn so sieht es aus, als hätte ich Angst. Ich sehe Marco von oben. Er schießt mit zwei Kehren Vorsprung unter mir entlang. Marco ist ein Abfahrer.

Die zwei Holländerinnen

Ich musste nur noch die beiden Holländerinnen loswerden. Wir hatten das entscheidende Loch gerissen, das Rennen war gelaufen. Zehn Kilometer noch bis zum Ende, dabei ein scharfer Anstieg, den wir schon viermal gemeistert hatten.

Ich kannte Marianne, weil wir schon einige Jahre auf Straße und Bahn gegeneinander Rennen fuhren. Sie konnte sich quälen und war eine schnelle Sprinterin. Ich musste sie vor dem Finale loswerden, denn es würde schwer sein, sie im Sprint zu schlagen. Selbst wenn es mir schon mal gelungen war. Die andere, Gloria oder Greta, hingegen kannte ich nicht, und das war ein Fehler. Ich konnte nicht erraten, ob sich beide gut verstanden oder bereit waren, sich die Augen auszukratzen. Ein wenig Psychologie hätte mir da schon geholfen, denn das Einzige, was ich mit Sicherheit wusste, war, dass ich zwei Gegnerinnen aus ein und derselben Mannschaft gegen mich hatte.

Ich fuhr nach vorn und bei der nächsten Ablösung drehte ich eine kleine Inspektionsrunde. Beide wirkten gut und zeigten keine Anzeichen von Müdigkeit. Zwei hübsche holländische Fahrerinnen. Die erste hatte blonde Zöpfe, die ihr aus dem Helm drangen, die andere einen Pferdeschwanz.

Sie hatten beide blaue Augen, die sie mit ebenfalls blauem Eyeliner untermalt hatten. Ihre Beine drehten gleichmäßig, und sie wechselten regelmäßig durch.

Als ich wieder an der Reihe war, an der Spitze zu fahren, blieb ich hinten, so als würde ich die Ablösung verweigern. Schließlich waren sie zu zweit und könnten mich doch bitte ein wenig zum Ziel ziehen und ein paar Körner sparen lassen. Auf der Stelle stoppten die beiden ihre Bemühungen. So nicht, Madame! Wir tragen sie nicht in einem Sessel umher und lassen uns nachher im Sprint schlagen. Kommt gar nicht in Frage! Die Arbeit muss durch drei geteilt werden.

Ihre kurze Auszeit habe ich genutzt, um einmal anzutreten. Ich bin nicht in den roten Bereich gegangen, die Sache aber beherzt angegangen, um sie zu testen. Manchmal reicht eine Kleinigkeit, um die eine (oder beide!) zu knacken. Doch beide haben sofort zu mir aufgeschlossen und das Tempo wieder aufgenommen, als wäre nichts geschehen. Bis zur Steigung sind wir so weitergerollt. Ich wusste, was mich erwartete.

Die Attacke kam von Marianne, ein knackiger, heftiger Antritt, mit dem sie schon öfter das Peloton abgeschüttelt hatte. Sie ging kaum aus dem Sattel und nahm mir dabei vier Radlängen ab. Ich bin leicht zur Seite gefahren, um zu sehen, ob diese Gloria hinterherspringen würde, doch die hat nur gelächelt und blieb hinter mir. Tut mir leid, Mannschaftslogik!

Also bin ich in den Wiegetritt gegangen, um das Loch zuzufahren. Ich habe mir dafür ein wenig Zeit gelassen, denn ich wollte nicht offen meine Stärke demonstrieren; der wichtigste Grund aber war, dass ich von dem, was nun kommen würde, eine kleine Vorahnung hatte. Denn genau in dem Moment, als ich wieder zu Marianne auffuhr, startete Greta ihre Attacke. Ein trockener Antritt, geschmeidig, eher nach Art einer Bergfahrerin. Diesmal habe ich nicht erst gewartet, ob Marianne hinterherspringen würde, sondern gleich nachgesetzt. So langsam wie möglich habe ich mich wieder herangerobbt, denn ich war mir sicher, Marianne würde mir erneut unter der Nase davonziehen. Ich hielt mich also eine Zeitlang auf drei Längen Abstand dahinter, einfach damit mein Potenzial unklar blieb und um mich kurz für einen erneuten Angriff zu erholen.

Kurz vor der Kuppe des Anstiegs stellte ich den Anschluss her, und Marianne schoss gleich auf der linken Seite los. Auf der Anhöhe setzte sie sich an die Spitze und gewann schnell an Vorsprung. Mir tat schon alles weh. Dann habe ich alles, was ich noch an Luft und Kraft hatte, zusammengerafft, den großen Gang aufgelegt und auf die Straße gebracht. Diese Gloria an meinem Hinterrad ging mir an die Nieren. In gewisser Weise war sie es, die mich vorwärtsschob. Noch vier Kilometer bis zum Ziel.

Ich gab alles und andererseits sagte ich mir: »Was nutzt es mir schon, Marianne einzuholen, wenn dann Greta noch mal antritt und zum Sieg stürmt?«

Ich holte Marianne ein und stieß ein großes »Uff!« der Erleichterung aus, als ich in ihren Windschatten kam. Das wäre schon mal geschafft, Gloria konnte jetzt gern angreifen. Merkwürdigerweise aber griff Gloria nicht an, ich drehte mich um, sah nach, doch sie blieb brav an meinem Hinterrad. Wir fingen wieder an, uns in der Führungsarbeit abzulösen. Ich war über die kurze Erholung vor dem Sprint dankbar. Welche von beiden würde ihre Chance nutzen? Wenn sie noch etwas im Köcher haben sollten, dann wurde es Zeit.

500 Meter vor dem Ziel beobachtete ich die Sache von hinten. Ich wusste, sie würden langsamer werden, mich in hundert Metern vorbeilassen, und als gute Sprinterin würde Marianne mich in die Falle locken und aus meinem Rücken heraus antreten. Doch wider alle Erwartung begann sie in dieser Sekunde den Sprint von vorn. Ich war baff. Vor mir verringerte Gloria unmerklich das Tempo. Um in Schwung zu kommen, musste ich ihr ausweichen und eine kleine Welle zur Seite fahren. Ich habe alles gegeben, bin aber nicht weiter als bis auf Tretlagerhöhe an Marianne herangekommen. Wie idiotisch, dabei war ich die Stärkste.

Sie haben mich also Zweite werden lassen, und ich weiß nicht, ob es ein Geschenk oder eine Ohrfeige war. Dagegen weiß ich jetzt, dass man zwei Holländerinnen nicht so leicht loswird.

Seinen Schnitt machen

Die Tour de France war derart bedeutend, vielfältig und berühmt geworden, dass einige Champions beschlossen, ihren Schnitt zu machen, indem sie sich daraus einen Wettbewerb nach Maß schneiderten. Der eine wollte nur die zwei ersten Etappen fahren, weil sie ihm behagten, der nächste wollte für einen Tag das Gelbe Trikot erobern, um am folgenden aufzugeben, ein anderer schließlich versteckte sich eine Woche lang in den Tiefen des Pelotons, um erst am Tag der auserwählten Etappe die Nase in den Wind zu stecken.

Und nun, da das Vermögen gemacht und das Ziel erreicht war, schoben sie nicht einmal mehr eine Verletzung oder Krankheitsgründe für die Aufgabe des Rennens vor und kehrten mit freundlichem Gruß heim, um sich neuen Aufgaben zu widmen.

Nie war man auf den Gedanken gekommen, eine Regel gegen derartige Auswüchse zu erfinden, so selbstverständlich schien es seit jeher, dass eine Teilnahme an der Tour bedeutete, diese vollständig und bis zur Erschöpfung aller Kräfte zu bestreiten. Entsprechend fassungslos sah man sich den absichtlich geplanten Rennaufgaben gegenüber.

Luc Van den Star liebte den Ruhm, aber nicht die Anstiege. Ihm war aufgefallen, dass der Verlauf seiner ersten Tour de France auf den ersten beiden Etappen genau seinem jungen und ungestümen Temperament entsprach. Er fand, die Farbe Gelb würde ihm gut zu Gesicht stehen. Er ging an den Start und begann das dreiwöchige Rennen, als würde es nur einen Tag dauern. Er gab derart Gas, dass er die erste Etappe gewann und sein erstes Gelbes Trikot überstreifte. Es war ein einziger Rausch und der schönste Tag seines Lebens. Auf dem Podium machte er ein paar Tanzschritte und entgegen der neuen Regeln küsste er die Hostess, die ihm den Siegerstrauß hinhielt.

Der nächste Tag war für ihn ein Tag in Gelb und der zweitschönste seines Lebens, denn er gewann auch die zweite Etappe. Allen, die ihn fragten, ob er auch die dritte gewinnen wolle, antwortete er, dass er sein Gelbes Trikot mit Klauen und Zähnen verteidigen und wenn nötig sogar das Rennen im Graben beenden werde, aber schon am nächsten Morgen verzichtete er auf den Start.

Im Peloton und im Tross herrschte ungläubiges Staunen. Heimlich still und leise hatte er das Rennen verlassen und übertrug seinem sportlichen Leiter die Aufgabe, Erklärungen zu geben, die keine waren: Er gab auf, weil er andere Ziele hatte, weil er ein spezielles Training verfolgte, sich aber auch ausruhen musste, denn die zwei Tage waren sehr hart gewesen, doch selbstverständlich würde er eines Tages zurückkommen, um die Tour zu gewinnen…

Die großen Zeitungen sandten ihre Berichterstatter aus, um Van den Star zu interviewen, doch vergeblich. Van den Star war irgendwo im Grünen und trainierte woanders. Da sie nichts Konkretes in der Hand hatten, begannen die Journalisten, Gerüchte zu streuen. Sie veröffentlichten völlig gegensätzliche Aussagen. Die einen waren wutentbrannt über seine respektlose Haltung gegenüber der Tour, andere verwiesen auf eigene Ziele, die man respektieren solle, wieder andere hielten ihn für nicht ganz klar im Kopf. Es gab Experten, die meinten, er habe sich übernommen und sei vermutlich ausgebrannt, manche Analysten führten sein Verhalten auf die Abgründe eines modernen Radsports zurück, der keine Hemmungen und Skrupel mehr kenne, und viele fragten sich, was sein Arbeitgeber wirklich von der Geschichte hielt und was der sportliche Leiter jetzt vorhabe, nun, wo seine Mannschaft ohne Kopf dastand. Die Alten, die die Tour verehrten, waren über eine derartige Unverfrorenheit entsetzt. Für sie war das alles unfassbar. Alle verlangten von der Rennleitung eine Grundsatzentscheidung. Doch sie kam nicht, und eine Etappe nach der anderen ging ins Land.

Eines Abends erhielt der sportliche Leiter einen Anruf, den er nicht mehr erhofft hatte. Man unterbrach ihn beim Abendessen, um ihm mitzuteilen, Van den Star rufe auf dem Mobiltelefon an, das oben im Hotelzimmer geblieben war. Grummelnd, ohne sich allzu sehr zu beeilen, ging der sportliche Leiter zurück auf sein Zimmer. Jetzt würde er persönlich und als Erster aus dem Mund des Champions endlich Entschuldigungen und Erklärungen hören. Jede Minute seit dessen Rennaufgabe hatte er mit diesem Anruf von Van den Star gerechnet. In aller Ruhe setzte er sich auf sein Bett, denn er wollte nicht den Eindruck erwecken, ungeduldig zu sein, nahm das Telefon und sagte mit fester Stimme: »Hallo?«

»Hallo Chef!«, begann Van den Star. »Sag mal, mir ist gerade aufgefallen, dass die achtzehnte Etappe mir gut liegen würde. Kannst du es nicht irgendwie einrichten, dass ich für diesen einen Tag kurz nach Hause ins Peloton zurückkehren kann?«

Ein kleines stilles Örtchen

Es gibt zwei Möglichkeiten, ein dringendes Bedürfnis zu stillen. Die sicherste Option ist der kurze Halt am Straßenrand. Es ist die sicherste, solange sie als Gruppe stattfindet. Die Übereinkunft ist stillschweigend: Das Peloton wird langsamer, der Augenblick ist ruhig, die Straße flach, der Straßengraben buschig, ein kleines Bächlein singt sein Lied, die Ecke ist perfekt. Auch die, die gerade nicht unbedingt müssen, können die Gelegenheit nutzen und vermeiden so einen späteren Halt. Der kollektive Charakter des Unterfangens ist entscheidend, denn sollte ein Mann das Risiko allein eingehen, kurz am Straßenrand zu halten, droht ihm die unvermittelte Beschleunigung seiner Gegner. Es kommt nicht infrage, die Heldentat von Charly Gaul beim Giro 1957 zu wiederholen. Ohne Vorwarnung hatte er gestoppt, sofort erhöhten die anderen das Tempo, und als er sein Geschäft erledigt hatte und wieder im Sattel saß, war er abgehängt. Dieses ärgerliche Ereignis brachte ihm nicht nur reichlich Gespött und Gefoppe ein, sondern auch den Spitznamen »Chéri-Pipi«, weitaus weniger schmeichelhaft als seine übliche Bezeichnung »Engel der Berge«. Es ist also ratsam, sich einige Komplizen zu suchen und in Reih und Glied zu pinkeln.

Wenn es nicht möglich ist, alles in schönster Ordnung zu erledigen, weil entweder das Bedürfnis in einem Moment aufkommt, in dem sich das Peloton in Kampfformation befindet, das Tempo zu hoch ist und es vorne viel Arbeit gibt, oder die Strecke gerade ungünstig bergab oder bergauf verläuft, um mal kurz abzusteigen, ist es angebracht, von der Maschine aus zu pinkeln. Das Problem dabei: Man kann nicht pinkeln, während man in die Pedale tritt. Erst muss man sich leicht aus dem Sattel erheben, seinen Körper in Richtung Straßengraben drehen, eine Hand am Lenker halten, während die andere dazu dient, das Glied aus der Radhose zu befreien (wegen der integrierten Träger ist das keine leichte Sache), und dabei gut darauf achten, sich nicht die Stelzen einzunässen. Es ist ratsam, hier ein wenig Geschwindigkeitsüberschuss zu haben oder eine helfende Hand zu bitten, so lange von hinten zu schieben. Die Logistik ist komplex, aber zielführend. Selbstredend findet ein solches Unterfangen nur an einem menschenleeren Ort statt, es wäre undenkbar, sich vor einer johlenden Menge am Berg zu entblößen. Die einzige Hoffnung bei einer dichten Zuschauermenge liegt in der Dehnbarkeit der Blase.

Nur wie machen es eigentlich die Frauen?

So weit zum Pinkeln. Nun weiß jeder, dass dies nicht das einzige »natürliche« Bedürfnis ist. Sicher, vor dem Start werden gewisse Vorkehrungen getroffen, die in ballaststoffarmer Ernährung bestehen oder noch unmittelbar vor Rennbeginn auf dem Hotelzimmer erfolgen. Aber es kann immer zu einem Notfall kommen. Da wird's schwierig, denn für diesen Fall kommt ein gemeinsamer Stopp nicht infrage. Kann man noch gut in einer Reihe pinkeln, ist dies für den Rest nicht denkbar. Jedenfalls nicht im aktuellen Verständnis der guten Sitten. Es ist also notwendig, neben der Straße einen dichten Strauch oder schattigen Busch auszumachen, der nicht allzu weit entfernt ist. Im Allgemeinen werden die Kameraleute auf den Motorrädern anstandsgemäß zur Seite schwenken. Die ganze Prozedur scheint immer endlos zu dauern. Man muss das Trikot ablegen und die Shorts runterziehen, während die Sekunden, die das alles dauert, innerlich immer schneller verrinnen. Mit etwas Glück hat man etwas Papier dabei, andernfalls muss man mit Gräsern Vorlieb nehmen. Was soll's, und wenn gerade ein Hubschrauber die Szene überfliegt, werden halt ein paar Äste geschüttelt. Nun müssen die Träger wieder hochgezogen und das Trikot übergestreift werden, bevor es wieder mit günstigstenfalls ein paar hübschen Minuten Rückstand zurück auf die Straße geht. Man fühlt sich gewiss leichter, doch man weiß, wie schwer die Jagd sein wird.

Der Tag der Schande

Heute ist mein Tag der Schande. Mein schlimmster Tag des Jahres. Der Tag des Mannschaftszeitfahrens: der Tag, an dem ich mich hasse.

Ich kann Etappen in den Bergen gewinnen – ich habe sogar schon einige gewonnen –, ich kann im Sprintzug meinen Teil leisten, ich kann auch in einer Ausreißergruppe lange durchhalten, kein Ding, ich bin wirklich ein guter Radprofi, aber das Mannschaftszeitfahren ist meine Geißel. Im Einzelzeitfahren bin ich mittelmäßig, aber das betrifft nur mich. Da kann ich zwei bis drei Minuten einbüßen, das ändert nichts an meinem Schicksal. Es wird mich nur daran hindern, die Tour de France zu gewinnen, aber ich weiß schon lange, dass ich nie die Tour gewinnen werde. Genau genommen wusste ich es längst, bevor ich an ihr teilnahm. Ich gehöre nicht der Spezies der großen Rouleure an. Mein Wille ist groß, aber mein Hubraum klein. Die Besten in einem Mannschaftszeitfahren sind die großen Rouleure, die Bahnfahrer und Sprinter. Starke Rouleure haben enorme Kapazitäten, sie sind unermüdlich und wenn die Strecke flach wird, kann sie nichts mehr halten; die Verfolger von der Bahn sind wahre Katzen, sie wissen besser als alle anderen, wie man sich im Windschatten duckt und durch den Wind schlüpft; und die Sprinter sind bei schnellen Ablösungen unschlagbar, das ist ihr Handwerk. Alle übrigen sind im Mannschaftszeitfahren nur Zusatzgewicht, und ich bin Zusatzgewicht Nummer eins.

Dramatisch daran ist, dass es mir in diesem Fall nicht egal sein kann. Wenn ich meinen Teil nicht leiste, leidet die gesamte Mannschaft, der Kapitän verliert Zeit und wird benachteiligt. Auf der Startlinie sind wir zu acht, und im Ziel wird die Zeit des Fünften gewertet. Drei Zusatzgewichte können unterwegs also abgeworfen werden, doch für den Fall einer Reifenpanne, eines technischen Defekts oder eines Sturzes ist es ratsam, die ganze Truppe so lange wie möglich zusammenzuhalten. So ist das.

Mein Trainer reiht mich auf dem letzten Platz in der Formation ein: »Wenn du an der Reihe bist, die Spitze zu übernehmen, gibst du alles und trödelst nicht rum. Sobald du merkst, dass du langsamer wirst, übergibst du an den Nächsten, ich will nicht, dass du alle bremst. Du machst zweihundert Meter oder von mir aus auch nur hundert oder sogar nur fünfzig, aber du wirst nicht langsamer. Wenn dir danach keine Kraft bleibt, setzt du eine Runde aus und bleibst hinten. Wenn die ganze Mannschaft vier Kilometer vor dem Zielstrich noch zusammen ist, kannst du dich rausfallen lassen.«

Wir starten mit einem Sprinter an der Spitze. Er geht ab wie Dynamit. Er macht die ersten 500 Meter und wir nehmen unsere Plätze in der Reihe ein. Danach dämpft ein Rouleur den Schock des Sprints und legt noch eine fette Lage drauf, damit das Tempo sitzt. Heute bleiben wir bei 60 Sachen in der Stunde. Ich möchte nicht in seinen Oberschenkeln sein. Als er durchstartet, verliere ich zwei Meter. Im Wiegetritt auf dem unbequemen Zeitfahrrad. Ich schließe wieder auf. Doch für wie lange? Ich sehe nur das Hinterrad meines Vordermanns und will nichts weiter wissen. 56 x 13, 56 x 12. Wie erträgt man nur solche Übersetzungen? Ich schließe mich in meinem Leiden ein, die Riemen des Aerohelms schneiden mir in den Hals. Ich hasse die ganze Position auf der Zeitfahrmaschine: gekrümmter Oberkörper, ausgestreckte Arme, der Hintern ganz vorn auf dem Sattel. Man soll so besser durch die Luft kommen, aber die Luft kommt nur schwer in die Lungen. Mein Rücken tut weh. Leon vor mir hat unglaubliche Beine, echte Kolben, wie gemeißelt. Er tritt kraftvoll und geschmeidig. Wenn er vorne an die Reihe kommt, fühle ich, wie er unmerklich beschleunigt, er ist einfach stark. Es fällt mir irre schwer, an seinem Hinterrad zu bleiben. Jetzt muss ich in den Wind. Ich mache mich kompakter und kauere mich zusammen, genau das, was man nicht tun darf. Ich drücke und zerre an den Pedalen, schlucke meinen Part der Strecke und gehe zur Seite, um mich hinten wieder in die Schlange einzureihen. Einen kurzen Augenblick lang weniger schnell. Ich sehe einen Teamkollegen nach dem anderen an. Sie sind grandios. Hochkonzentriert rasen sie dahin, zeigen alles, was den Radsport am schönsten macht. Sie arbeiten präzise und kraftvoll. Mittlerweile sind sie schon beim 11er-Ritzel angekommen. Elf Zähne. Ich bleibe bei zwölf, denn ich leide einfach zu sehr.

Der kleine Funkempfänger im Ohr sagt, dass es rund läuft und wir in der Zeit sind, aber unterwegs nicht bummeln sollen. Mein nächster Wechsel an die Spitze steht an, zweimal, dreimal, fünfmal. Während ich mich die Reihe entlang zurückgleiten lasse, gibt mir unser erfahrenster Mann, der Capitaine de Route, mit dem Kopf ein kleines ein Zeichen, dass ich keine Ablösungen mehr fahren soll. Ich bremse die Truppe nur aus, und mit den beiden anderen Zusatzgewichten muss ich jetzt hinten bleiben. Ich sehe den Kraftprotzen vor mir bei der Arbeit zu. Sie sind wunderbar. Ich bin stolz auf meine Mannschaft. Vier Kilometer vor Schluss kappe ich die Taue. Ich schalte in einen erträglichen Gang und sehe sie davonziehen, wunderschön. Du wirst sehen, wie sie diese letzten vier Kilometer verschlingen werden!

Noch eine Saison

Bob Dillon hatte alles gewonnen. Er war mit einem Schnitt von 40 Siegen pro Jahr unterwegs, und nur wenige Rennen blieben ihm verwehrt. Ihm war das Talent für den Sprint in die Wiege gelegt worden, und er hatte sich die Kraft für den Sprint angeeignet. 300 Meter vor der Linie löste sich in ihm etwas aus, das unwiderstehliche Stärke verlieh. Danach zählten nur noch seine unbändige Power und die Ziellinie. Lag er an der Ein-Kilometer-Marke in ungünstiger Position, kannte er alle Schliche, sich durchzuschlängeln, um im Slalom durch die anderen Fahrer an die Spitze des Pelotons zu gelangen. Hatte er seine Mannschaft bei sich, gaben alle lächelnd ihr Letztes, in der Gewissheit, ihn siegen zu sehen. Über Gefahren setzte er sich nonchalant hinweg, er schien jedes Risiko eingehen zu können. Er strich die Klassiker ein und ebenso die Flachetappen der Tour, er hatte das Grüne Trikot gewonnen und die Weltmeisterschaft. Er gewann immer und nahm seine Siege mit der Bescheidenheit des Gewohnten hin. Die großen Mannschaften schlugen sich darum, ihn in ihren Reihen zu haben, damit sie das Bild seiner hochgerissenen Arme auf den Titelseiten sehen konnten. Er war der schönste Posterboy des Pelotons. Bei diesem Spiel war er schnell reich und berühmt geworden.

Seine einzige Sorge bestand darin, an den kleinen Hügeln, mit denen die Flachetappen manchmal gespickt sind, den Anschluss ans Peloton zu halten. Da musste er wirklich sein Bestes geben und seine Kollegen um Hilfe bitten, die ihn schützten und mitzogen. Kam er mit den übrigen Fahrern über die Kuppe, war er unwiderstehlich.

Eines Tages spürte er an der 200-Meter-Marke, dass sich etwas zu seiner Linken befand. Ein oranges Trikot. Er beschleunigte, und das orange Trikot beschleunigte mit. In seinem Kopf lief alles in Zeitlupe. Er beschleunigte noch mal, und auf der Linie schlug ihn das orange Trikot um Reifenbreite.

Wie hatte er diesen Sprint vermasseln können? Da war kein Wind, bei 300 Metern war er angetreten, die Straße war breit, und er hatte sich auf die übliche Weise vom Peloton gelöst, die Wattzahl erhöht, den Kopf gesenkt und eine Schippe draufgelegt, sobald er den Typen gerochen hatte… Wo hatte er den Fehler begangen? Wieder und wieder ließ er den Sprint in seinem Kopf ablaufen, er bat sogar um die Zeitlupenwiederholung – alles war wie üblich gelaufen, nur hatte ihn der Typ in Orange geschlagen. Der Dritte wiederum lag eine gute Radlänge zurück.

Er erkundigte sich nach seinem Gegner, den er nicht kannte. Es war ein 20-jähriger Neoprofi aus England, der vom Bahnradsport kam. Man wusste nur wenig über ihn.

Beim nächsten Rennen wurde Bob nur Dritter, aber diesmal wusste er warum. Er hatte sich bei 500 Metern verausgabt, um sich noch mal neu zu positionieren, und das war fatal gewesen.

Am Sonntag darauf wurde er nur Fünfter. Und von da an gewann er in dem Jahr kein einziges Rennen mehr.

In der Off-Season ergriff er drastische Maßnahmen. Er stellte die Ernährung um, damit sein Wettkampfgewicht noch besser würde und um gegen die ersten Altersröllchen anzukämpfen. Er verdoppelte seine Einheiten im Kraftraum. Zu Saisonbeginn Ende Januar war er in der Form seines Lebens.

Beim ersten Sprint der Saison wurde er nur Sechster, doch er spürte: Die Kraft war da, er war einfach zu angespannt gewesen und hatte zu viel auf einmal gewollt; eine Frage der Lockerheit, erklärte sein Trainer. Dann häufte er eine Reihe von Platzierungen zwischen fünf und neun an und gab schließlich das Sprinten auf. Bei Mailand–Sanremo, das er zweimal gewonnen hatte, schaffte er es nicht einmal über den Poggio.

Den Rest der Saison verbrachte er in der Anonymität des Pelotons und des Gruppettos in den Bergen. Im Juli kam es während der Tour de France zu einer ehrlichen Aussprache mit seinem Arbeitgeber. Wenn er nicht gewann, konnte er ihm seinen Platz im Team nicht mehr garantieren. Er wurde gebeten, mal wieder ein bisschen was zu zeigen, bevor man ihm die Vertragsverlängerung anbot. Bob gab sich alle

Mühe. Er überreizte bei einer wilden Zielankunft das Risiko und holte sich eine hübsche Abreibung. Die gesamte Seite seines Körpers war aufgeschürft.

In aller Diskretion hörte er sich um, um vorzufühlen, ob eine andere Mannschaft Interesse an einem Sprinter seiner Klasse habe. Niemand schien an einem Engagement interessiert. Alle wussten, große Sprinter sind Maschinen, die sehr schwer einzustellen sind, und wenn sie einmal aus dem Takt gerieten, gab es keine Rettung mehr. Die Radsportwelt hatte sich weitergedreht, junge Sprinter waren aufgetaucht, die sich vorerst die Siegersträuße teilten, bis einer von ihnen aus der Masse herausragen würde.

Bob fiel es schwer, seine Rückstufung zu akzeptieren. Mitten in einer banalen Etappe sah er sich plötzlich in Gedanken zu Hause bei Frau und Kind sitzen. Was würde er tun? Er kannte seine Frau nicht mal wirklich gut, sie hatten jung geheiratet und dann war er sogleich 300 Tage im Jahr auf den Straßen der Welt unterwegs gewesen. Die Kinder wuchsen ohne ihn heran. In der Winterpause gab es immer Leute zu treffen, Feste zu feiern und dabei ging die Zeit so schnell vorbei. Wie würde ein Monat daheim aussehen? Was gäbe es den ganzen Tag über zu bereden? Einkaufen gehen? Kinder von der Schule abholen? Sicher, über sein Leben danach hatte er schon mal gelegentlich nachgedacht, aber er hatte nichts unternommen, nichts beschlossen, kein wirkliches Projekt angegangen. Seine Gedanken hatten ihn so verwirrt, dass er völlig die Pedale vergaß und das Peloton ziehen ließ. Er musste kämpfen, um wieder Anschluss zu finden. Er war glücklich, mit aller Macht in die Pedale zu treten, Meter um Meter gutzumachen, glücklich, dafür den schweren Gang aufzulegen, glücklich darüber, die Ideallinie zu suchen, und am Ende glücklich über seine Heimkehr ins Peloton, seinem eigentlichen Zuhause.

Ganz offensichtlich kam es für ihn nicht mehr infrage, sich auf dem Gipfel seines Ruhms zurückzuziehen, wie man es Champions immer empfiehlt. Als Sieger vom einen ins andere Leben überzuwechseln, seinen Wert zum höchsten Kurs zu verkaufen, würde ihm nicht mehr vergönnt sein. Die eine Saison zu viel lag bereits hinter ihm. Eine weitere Saison würde es nicht schlimmer machen.

Abends nach der Etappe bat er den sportlichen Leiter einer kleinen, bescheidenen Mannschaft um einen Vertrag. Dieser entgegnete nur:

»Ich werde nie die Mittel haben, einen Typen wie dich zu bezahlen! Du verdienst mehr als meine ganze Mannschaft!«

»Und wenn ich einen persönlichen Sponsor mitbringe, der mein Gehalt zahlt?«

»Das ist ja mal eine komische Idee! Wir sind hier nicht in der Formel 1!«

»Was aber, wenn ich es mache?«

»Klar, du kannst den Jungen eine Hilfe sein. Zum Beispiel die Sprints für Sean anfahren.«

»Ja doch, das wäre gut. So machen wir es. Ich halte dich auf dem Laufenden.«

Singend kehrte er in sein Hotel zurück. Er hatte einige Ersparnisse auf der hohen Kante und würde sich eine schöne, zusätzliche Rennsaison leisten.

»Schnell fahren ist mein Beruf«

Keine Bremsspur auf der Straße. Nur die Begrenzungsmauer und dahinter in der Tiefe er, zerschmettert im Geröll. Ein Stück weiter das zerbrochene Rad. Sofort der Arzt, gleich danach der sportliche Leiter und die Windböe des Hubschraubers in der Kehre der Passstraße. Niemand sagt etwas, denn es ist ernst, sehr ernst. Von allein können diese Beine nicht mehr laufen, der Rest übrigens auch nicht. Und dann das ganze Blut.

Der sportliche Leiter sagt: »Es wird schon, wir kriegen dich wieder hin.« Er legt ihm eine Hand auf die Wange, denn sein zerschmetterter Champion wirkt auf einmal so jung. Seine Lippen bewegen sich. Der sportliche Leiter beugt sich tiefer und hört: »Schnell fahren ist mein Beruf.«

Die Sanitäter rutschen mit ihrem ganzen Material den Hang hinunter. Erste Journalisten beugen sich über die Leitplanke, die erste Motorradkamera taucht auf. Die Transportmatratze wird aufgeblasen, die Trage darunter geschoben. Als man sein Bein berührt, hallt sein Schrei von den Bergen wider. Spritze, Infusion, Morphium.

Der Hubschrauber sucht eine ebene Stelle, um landen zu können. Haare wirbeln in der Luft. Ihm ist kalt. Man deckt ihn mit Rettungsfolie zu, die wie Gold glänzt. Zu sechst heben sie ihn durchs Geröll. Der sportliche Leiter hält die Hand seines Fahrers. Sie ist eiskalt.

Im Hubschrauber stöhnt er, murmelt: »Schnell fahren ist mein Beruf« und schließt dann die Augen, die er erst wieder im Krankenhaus öffnen wird. Die Rollbahre wartet schon, schnell in die Notaufnahme und dann in den OP-Saal, der schon bereit ist.

Der Orthopäde sagt, er werde das Ausmaß der Verletzungen beurteilen und so schnell wie möglich handeln. In der Nacht schraubt man ihm mehr Titan ins Skelett, als es an seinem Rad gibt. »Es ist sehr ernst«, sagt der Arzt, »vor allem das Becken. Die Beine gehen. Es wird dauern.«

Im Aufwachraum öffnet er die Augen nach einer Nacht, die so lang war wie der Flèche Wallonne. Er weiß nicht, wo er ist. Die Wände sind grün. Eine Krankenschwester kommt näher. Sie lächelt. Sie dosiert die Infusion. »Alles ist gut gelaufen«, sagt sie. Er versucht, seine teigige Zunge im Mund zu bewegen. Er will sprechen und trinken. Sie beugt sich über ihn und führt ihm ein feuchtes Tuch über die Lippen. Endlich kann er ihr sagen: »Schnell fahren ist mein Beruf.«

Im Zimmer, auf das er verlegt wird, sagt er das auch seinem Vater, seiner Mutter und seiner Freundin. Er wird es auch seinem sportlichen Leiter sagen, der zwischen zwei Etappen Neuigkeiten einholt. Danach wird er schweigen. Drei Monate Stille, während denen er mit den Augen sprechen wird und wenig sagt. Drei Monate von Angesicht zu Angesicht mit der Zimmerdecke. Die Abstände zwischen den Besuchen verlängern sich.

Eines Tages geht es zurück in die Berge, in ein großes Chalet mit verglasten Fronten, wo man rehabilitiert, foltert, instand setzt, dehnt. Zunächst sind es kleine Bewegungen auf dem Bett, leichte Belastungen der Knie, ein Beugen und Dehnen der Beine. Ein paar Schritte zwischen den Barren. Unsichtbare, lautlose Schmerzen.

Eines Morgens verspricht die hübsche Physiotherapeutin eine große Überraschung. Zum ersten Mal hilft sie ihm aufs Ergometer. Reglos im Sattel sitzend findet er wieder zu sich selbst. Langsam beginnen seine Beine zu arbeiten, immer schneller drehen sie sich. Er sieht die Therapeutin an, als habe er sie gerade erst entdeckt: »Schnell fahren ist mein Beruf.« Dann tritt er in die Pedale.

Dienstkleidung

Als es darum ging, den Vertrag für die gerade neu gegründete Mannschaft zu unterschreiben, habe ich zuerst gefragt, welche Räder wir fahren würden. Man hat mir den Namen des Ausrüsters genannt, und ich fand, es passt. Die bauen hübsche Räder, vor allem fürs Zeitfahren. Bei Rädern muss man genau aufpassen: Sie fahren sich nicht alle gleich, und wenn man mit irgendwas fährt, fährt man irgendwann irgendwie. Danach haben wir übers Geld gesprochen, und da habe ich mich gut geschlagen. Ich wollte wie ein Mann bezahlt werden, und am Ende werde ich bezahlt wie ein weiblicher Champion. Wenn ich die Siegprämien draufschlage, wird es ein gutes Gehalt. Ich war glücklich, endlich eine professionelle Radrennfahrerin zu sein, die fürs Fahren und fürs Gewinnen bezahlt wird.

Die einzige Sache, an die ich nicht gedacht hatte, war das Trikot! Neuer Sponsor, neues Trikot. Dieses hier ist rosa und mit Schriftzügen übersät (es war anscheinend schwierig, den Etat zusammenzustoppeln, sie mussten wohl die Zahl der Geldgeber erhöhen). Fünf geschlagene Minuten hat es gedauert, mir sämtliche Logos von oben bis unten, von links nach rechts aufzuzählen. Die Hintergrundfarbe des Trikots ist rosa (genau wie das einer Pariser Rugbymannschaft, erklären sie mir) und die Beschriftung schwarz und orange. Absolut schreiend! Der Gipfel ist aber das kleine, aufgesteppte rosa Dreieck unter dem Bauchnabel, schlimmer kann es nicht kommen! Ich glaube, da würde ich sogar das Tarnmuster vorziehen, mit dem im letzten Jahr das Nachwuchsteam des französischen Heeres gestraft war. Die ganze Saison über werde ich mich hassen. Der Gedanke, morgens aufzustehen und mir dieses Ding anzuziehen, macht mich fertig. Ein aufgestepptes, kleines rosa Dreieck! Nur zu, meine Damen! Man macht sich über uns lustig. Ich habe gemault. Man hat mir gesagt, man wisse schon, doch der Designer sei ein Freund des obersten Chefs. Ich habe nur gestaunt: »Ach, für so was gibt es Designer…«, und erwidert, man könne ja schlecht mit geschlossenen Augen Rad fahren, um es nicht sehen zu müssen. Sie haben mich hinauskomplimentiert, und so trete ich in meinem Büßerhemd in die Pedale, ich siege in dieser Aufmachung und steige damit bei den schönsten Rennen der Welt an der Seite von Frauen aufs Podium, die ganz normal wie hübsche Radsportlerinnen angezogen sind. Der Gipfel daran ist, ich mag mein Rad und auch meine Mannschaftskolleginnen wirklich gern und werde darum nicht das Team wechseln.

Dennoch kam der schönste Moment des Radsportjahres, wie ich gestehen muss, nach einem der größten Klassiker des Sommers. Der Trainer der Nationalmannschaft sprach mich an, um mir meine Nominierung für die französische Auswahl bei der Straßen-WM zu verkünden. Ich bin in der Nationalmannschaft! Endlich werde ich in Blau fahren können!

Dreifachsieg

Für G. M.

Zuerst haben wir in die Pedale getreten, dann sind wir in Gelächter ausgebrochen und haben uns auf die Schultern geklopft, bevor wir schließlich weitergefahren sind. Zu dritt vorn und dazu alle aus demselben Team. Einmalig! In einer so bequemen Lage an der Spitze! Das Rennen gewonnen. Gegen alle Logik und gegen die Anweisungen des sportlichen Leiters: »Ruhe! Ruhe!«, brüllte er über Funk, und das regte uns nur noch mehr auf. Bei der morgendlichen Teambesprechung hatten wir versprochen, bis zu den Hügeln still zu halten.

Aber gleich Beginn der Etappe sind wir einfach so aus dem Peloton herausgeschossen. Zwei oder drei Jungs haben sich kurz an uns drangehängt und dann abgelassen, weil sie glaubten, dass unser absurder Versuch eh zum Scheitern verurteilt wäre, da auf halber Distanz einige Anstiege warteten. Und so fanden wir drei Mannschaftskameraden uns vorn an der Spitze wieder. Wir drei ganz allein. Der Tag war gelaufen. Unser Team würde einen schönen Dreifachsieg einfahren können.

Wir kannten einander in- und auswendig und spannten uns mit unseren Stärken und Schwächen zusammen, um als Zug ein zackiges Tempo vorzulegen. Eine Minute, zwei Minuten, dann acht und der garantierte Sieg. Eins war sicher. Niemand von uns würde im Finale Kräfte sparen und keiner würde rausnehmen, um zu pokern. Es war undenkbar, dass einer von uns nach dem Motto »So eben einen Hauch mehr arbeiten als der, der am wenigsten arbeitet« taktieren würde, wie es alte Sitte war in Fluchtgruppen, in denen man sich gegenseitig belauert. Wir ließen es gut rollen, die Wechsel liefen glatt, das Tempo war gleichmäßig. Wenn einer von uns eine Ablösung ausließ, dann nicht weil er Schwäche vortäuschte, sondern weil es ihm gerade nicht gut ging. Wir beschützten ihn, päppelten ihn wieder auf, und dann wurden wieder Kohlen nachgefeuert. Wir schluckten die Wellen. Der Abstand verringerte sich nicht. Das Peloton resignierte und überließ uns den Sieg.

Zwanzig Kilometer vor dem Ziel haben wir uns gefragt, wer von uns gewinnen sollte. Schließlich konnten wir uns ja nicht gegenseitig in einem mörderischen Sprint vernichten… Es kam auch der Gedanke auf, mit sechs erhobenen Armen durchs Ziel zu rollen. Trotzdem brauchte es einen Sieger, einen Zweiten und einen Dritten.

Ich hatte die Idee, bei jeder Ablösung den alten Abzählreim aufzusagen, Silbe für Silbe: »Ei-ne-klei-ne-Mi-cky-Maus-zieht-sich-ih-re-Ho-se-aus-zieht-sie-wie-der-an-und-du-bist-dran!«

Und es war Marco, der mit dem finalen »dran!« die Führung übernahm, und somit war er der designierte Sieger. Wir haben über diese Rückkehr in die Grundschule noch kurz gelacht und sind dann beruhigt weitergerollt.

Marco hat gewonnen, ich wurde Zweiter und Julot Dritter. Sechs hochgereckte Arme, dreimal das Trikot auf der Titelseite. Unser sportlicher Leiter hat uns in die Arme geschlossen und zum Spaß gerügt, weil wir die Vorgaben missachtet hatten.

Wir sind ins Hotel zurück, Marco ist für die Interviews geblieben. Ich habe geduscht, bin zur Massage und habe mich auf meinem Bett eingerichtet, um vor dem Abendessen ein paar E-Mails zu erledigen.

Und da stieg in mir plötzlich die Wut auf. Mit einem Schlag klappte ich meinen Laptop zu. Ich hätte dieses Rennen gewinnen müssen! Es stand mir zu! Ich bin mir sicher, dass ich sie im Sprint geschlagen hätte. Meine Endgeschwindigkeit ist höher als ihre. Es war kein Rennen mehr. Das war ungerecht und gegen die Regeln der Zunft. Ich hätte gewinnen müssen. Ich war der Stärkste und fühlte mich gut. Es war mein Rennen, und man hat es mir gestohlen. Erste Maßnahme: Die können mal ohne mich zu Abend essen.

Ein Meter sechsundsiebzig

Ich weiß, dass ich es nicht aufgrund eines Missverständnisses zu den Profis geschafft habe, sondern wegen meiner Resultate als Amateur, die so manchen ins Träumen brachten. Ich weiß aber auch, dass ich nicht die Karriere gemacht habe, die man mir vorausgesagt hat. Wahrscheinlich war es mein Fehler, mir zu Beginn eine kleine Mannschaft zu suchen. Ich dachte, dort mehr Komfort und Wärme zu finden, und glaubte, mich schneller als Kapitän durchsetzen zu können, der ich werden wollte, doch all das ist nie eingetreten, weil meine Teamkameraden in den Momenten, als es darauf ankam, nicht stark genug waren. Zu oft sah ich mich allein im Kampf gegen gut organisierte, komplette Mannschaften. Zwanzig Löcher musste ich auf Kosten meiner eigenen Kraftreserven zufahren, und in den entscheidenden Augenblicken ließen mich meine derweil gut beschützten, taufrischen Gegner stehen.

Zwei Saisons habe ich so bestritten und mein Marktwert sank im Laufe der Rennen immer weiter. Er sank so tief, dass ich irgendwann befürchten musste, nach Auslaufen meines Vertrags für kein Team mehr interessant zu sein.

Eines Tages trat der sportliche Leiter von Salami-Store an mich heran, wie man so sagt. Ich schrieb mich gerade beim Start ein, als er mir nur sagte, er wolle mich gern treffen, um gemeinsam über die Zukunft zu sprechen. »Bis heute Abend«, verabschiedete er sich.

Andauernd ging mir dieser Satz während des Rennens durch den Kopf, und ich beendete es ohne Glanz oder größere Schwierigkeiten im Peloton. Ich hatte anderes im Sinn. Salami-Store war eine aufstrebende Mannschaft. Das Team hatte eine ganze Reihe guter Fahrer in seinen Reihen und zog junge Talente an. Wahrscheinlich verfügten sie über gute Scouts, die auf Amateurrennen herumgeisterten. Jedenfalls gelang es ihnen, jedes Jahr ein oder zwei Juwelen auszugraben. Erst gerade hatten sie einen jungen Burschen verpflichtet, der die Tour de l'Avenir gewonnen hatte, rollten ihm den roten Teppich aus und packten ihn in Watte.

Es war ein reiches und gut aufgestelltes Team. Gern bestätigten die Fahrer, gut bezahlt zu werden, und ich begann, mich im Traum zu fragen, welch ungeheures Gehalt ich verlangen sollte, falls es so weit käme.

Und es kam so weit. Praktisch noch auf der Ziellinie kam der sportliche Leiter von Salami-Store auf mich zu, und wir machten einen Termin aus.

Er wusste alles über mich. Er sagte mir:

»Du bist doch 1,76 Meter groß, oder?«

»Ja, und ich wiege 63 Kilo.«

»Ich habe einen Posten für dich. Einen Posten als Wasserträger natürlich. Ich hoffe, das macht dir nichts aus. Ich würde nicht gern...«

»Nein, ich mache mir schon lange keine Illusionen mehr, ich kenne meinen Platz.«

»Ich kann dir jetzt schon verraten, wo genau sich dieser Platz befindet, nämlich an der Seite von Marc Baudou, der auch zu uns stößt und unser Kapitän bei den großen Rundfahrten sein wird. Du wirst ihm nicht einen Zentimeter von der Seite weichen. Du darfst ihn erst aus den Augen lassen, wenn deine Reserven völlig erschöpft sind und er beginnt, seine Kräfte einzusetzen.«

»Das kann ich.«

Das Gehalt war anderthalb mal so hoch wie jenes, das ich als unglücklicher Kapitän verdiente, und ich fühlte, wie die Bürde des Siegenmüssens von mir abfiel. Der Deal war gut.

Ich habe meine Arbeit gewissenhaft gemacht. Marc war ein angenehmer Junge, vielleicht noch ein bisschen grün und etwas zu arrogant, weil er sich behaupten wollte; er verfügte über außerordentliche körperliche Mittel, sie waren aber noch nicht unerschöpflich. Ich bewegte mich je nach Rennsituation um ihn herum, mal vor ihm, mal dahinter, mal neben ihm. Ich tat mein Bestes, ihn zu beschützen. Die anderen Mannschaftskameraden regulierten das Tempo. Manchmal hatte ich Schwierigkeiten zu verstehen, wozu genau ich diente, denn in einigen Situationen schien mir, als wäre meine Kraft besser für Angriffe verwendet worden, dafür vorzupreschen, um als Relaisstation im letzten Anstieg zu dienen, oder auszuschwärmen, um gefährliche Fahrer zu stellen. Doch nein, die Vorschrift war eindeutig: nie von Marc Baudous Seite weichen.

Ohne große Mühe war ich mit ihm über den Col du Portet-d'Aspet gekommen. Wir hatten an die zwanzig Sekunden Rückstand auf eine kleine, vier Mann starke Ausreißergruppe, die wir nicht wegkommen lassen durften. Die Abfahrt jagte Marc am Anschlag fahrend hinunter, ich folgte ihm mit drei Längen Sicherheitsabstand. Er bremste spät, zu spät für die nächste Kurve. Ich sah es kommen und versuchte noch, ihn mit einem lauten Ruf von hinten zu warnen. Es trug ihn zu weit raus, seine Reifen gerieten auf den Schotter und er rutschte auf das Mäuerchen zu. Wie durch ein Wunder schaffte er aus den Pedalen und konnte abspringen. Mit dem Hintern landete er auf der Straße. Sein Rad wirbelte durch die Luft, und der Carbonrahmen zerbrach in zwei Teile. Die anderen Fahrer rauschten in vollem Tempo vorbei. Ich legte eine Vollbremsung an seiner Seite hin. Er schrie nur: »Steig ab!« und sprang auf mein Rad.

Und dann begriff ich, wozu ich da war. Er hatte dieselben Maße wie ich und das gleiche Körpergewicht. Meine wahre Mission war, mich eines Tages zu Fuß am Rande einer Passstraße wiederzufinden und meinem schönen Rad hinterherzuschauen, wie es den Berg hinabschießt. In gewisser Weise also das genaue Gegenteil meiner Profession.

Eine mustergültige Helferin

Offen gestanden hätte ich es nie für möglich gehalten. Vor lauter Freude, für das französische WM-Team nominiert zu sein, wusste ich ehrlich gesagt gar nicht, wohin mit meinem Glück. Ich dachte an das herrliche blaue Trikot mit den rot-weißen Applikationen. Ich dachte an das Wort »FRANCE«, das in Großbuchstaben auf meinem Rücken und der Radhose zu lesen sein würde. Ich dachte an die neuen Teamkameradinnen und an den Nationaltrainer. Ich schwebte auf meiner kleinen Radsportwolke.

Bei der Mannschaftsbesprechung lagen die Dinge klar, wir waren alle ausgesucht worden, um die amtierende Weltmeisterin Pauline bei der Verteidigung ihres Titels zu unterstützen. Sie war die Stärkste, und es galt, ihr so lange es ging zu helfen, damit sie im Schlussanstieg den Job vollenden konnte. Meine persönliche Aufgabe bestand darin, so lange wie möglich im Peloton zu bleiben und Pauline vor dem letzten Anstieg im Finale unter Aufbietung all meiner Kraftreserven an die Spitze dessen zu bringen, was vom Peloton noch übrig war, und dabei das Tempo hochzuhalten, bis ich platzte. Eine klare Mission, mit der ich gut vertraut war.

Dazu sollte man wissen, dass ich als Profi im holländischen Team Robot Bank fahre und dort meine Kapitänin Mary-Ann das gesamte Jahr über bei Klassikern und Rundfahrten begleite, damit sie diese gewinnt. Wir sind gut eingespielt, und sie siegt oft.

Was ich wirklich nicht vorhergesehen hatte, war, dass gerade die Mädels aus dem Norden schon in der vorletzten Runde alles in Brand setzen würden. Ein wahres Elend. Eine Konkurrentin nach der anderen verlor den Anschluss: Italienerinnen, Belgierinnen, Spanierinnen, an allen Ecken flog es auseinander. Mit Pauline am Hinterrad gelang es mir, vorn zu bleiben, und in der Abfahrt sind wir auf Mary-Ann aufgefahren.

Und da hatten wir's: Ich war mit meinen beiden Kapitäninnen vorne. Über das gesamte Jahr war es mit Mary-Ann unsere Mission, Pauline zu schlagen, doch heute galt es, Pauline zum Sieg über Mary-Ann zu verhelfen. In was für einen Zwiespalt dich diese Rennen mit Nationalmannschaften doch bringen können! Dabei war ich doch so glücklich gewesen über meine Nominierung... Natürlich bestand mein Job darin, Pauline zu helfen, schließlich trugen wir beide das französische Nationaltrikot. Doch mein monatliches Einkommen verdankte ich Mary-Ann. Was also tun? Es gegen eine einfache Prämie tauschen? Mir blieb noch eine halbe Runde, um eine Entscheidung zu treffen.

Ich könnte immer noch bremsen und mich abhängen lassen, aber ein solches Manöver wäre doch allzu offensichtlich, außerdem fühlte ich mich gut und der Nationaltrainer hatte mir noch bei der letzten Durchfahrt zugerufen: »Ich verlasse mich auf dich!«

Eine List anzuwenden, ganz diskret eine kleine Hilfestellung zu geben, in der Hoffnung, dass niemand es bemerkt, wäre zu gewagt. Wenn man zu dritt allein auf weiter Flur unterwegs ist, ist nun mal jede Aktion offensichtlich. Anders als im Peloton, wo sich heimlich einiges einfädeln lässt.

Ich habe sie mir genau angesehen: Es ging ihnen prächtig, allen beiden. Große Radrennfahrerinnen im Vollbesitz ihrer Mittel. Keine der beiden zeigte auch nur die geringsten Anzeichen von Erschöpfung. Sie verließen sich darauf, dass ich ihnen helfen würde, den Unterschied zu ihren Gunsten zu machen. Beide warfen mir vielsagende Blicke zu, und ich fühlte, wie der Druck stieg. Für wen entscheiden? Der Beginn des Schlussanstiegs nahte. Ich ging aus dem Sattel.

Um mich aus dem Dilemma der mustergültigen Helferin zu befreien, blieb mir nur eine Lösung. Ich musste sie beide schlagen und selbst Weltmeisterin werden.

Ferien

In Regen und Kälte ist das letzte Rennen zu Ende gegangen. Man verabschiedet sich voneinander und sagt, dass man froh ist, nach Hause zu kommen, und dass man sich im Januar wiedersehen wird, beim ersten Trainingslager unter der kanarischen Sonne oder im Schlamm der Crossrennen, man klopft einander auf die Schultern, verspricht sich, mal anzurufen, und dann geht jeder seiner Wege. Es ist Off-Season. Es sind Ferien.

Man sieht sein Zuhause wieder. Die Kinder sind glücklich, denn diesmal bleibt man länger und ist dabei, wenn der Weihnachtsmann kommt. Am Neujahrstag feiert man mit. Man kann endlich spazieren gehen und spielen. Man wird endlich ein normaler Papa sein, ein richtiger Papa so wie die anderen.

Morgens streckt man die Hand aus und findet eine warme Frau in seinem Bett, die vor Wonne eingeschlummert ist. Man streckt die Beine aus, die allmählich schmerzfrei werden. Man kann der Zeit endlich Zeit lassen. Durch einen Spalt im Vorhang betrachtet man draußen Regen und Wind. Man wird nicht dagegen ankämpfen müssen.

Vorsichtig hebt man die Kleine, das Nesthäkchen, mit beiden Armen hoch. Man sagt ihr, wie groß sie doch geworden ist und dass sie jetzt schon ein richtiges kleines Mädchen geworden sei. Mit den beiden Großen spielt man begeistert Karten, macht zu ihrer Freude aber dicke Konzentrationsfehler. »Ich war mit dem Kopf woanders.«

Man geht mit dem Hund im Wald spazieren. Auf dem Markt werden einem die Freunde von früher auf die Schulter klopfen. Man wird die eine oder andere Anekdote zum Besten geben, von einem Sieg, einer Bergwertung, die man gewonnen hat, oder einem Sprint erzählen. An der Bar lässt man sich zu einem Gläschen einladen, aber nur eins.

Man wird die Frau betrachten, die man das gesamte Jahr lang täglich am Telefon liebt. Man sieht sich genau ihr Gesicht an, verbindet damit Erinnerungen, entdeckt vergessene Details und minimal veränderte Gesichtszüge. Man fragt sich, wie es wäre, Tag für Tag ständig zusammenzuleben, und was sich dann ändern würde.

Während der ausgedehnten Feiertagsmahle nimmt man sich die Gesichter dieser geliebten Wesen, die einem so nah und gleichzeitig so fern sind, einzeln vor. Man zwinkert ihnen zu und gibt dadurch zu verstehen, dass man glücklich ist, hier zu sein. Beim Essen schaut man sich an, wie Frauen und Männer essen. Man nimmt noch etwas Filet von der Pute und vier Maronen. Bei der Gänseleber und der Schokocremetorte winkt man ab. Man besinnt sich auf seine Vernunft, die Zeiten sind vorüber, als man noch nach der

Winterpause mit drei Kilo zu viel auf der Plauze ins Peloton zurückkehrte. Man wird sich ein wenig Mühe geben, ohne Alkohol lustig und ausgelassen zu sein. Man schluckt ein wenig von ihrem Rauch. Oft steht man dann auf, um mit dem einen oder anderen zu reden, vor allem aber, weil man den Beinen ein wenig Bewegung verschaffen will. Man wird Frau und Kinder im Vorbeigehen küssen. Man wird so tun, als könne man den Radrennfahrer aus seinem Körper verschwinden lassen.

Am nächsten Tag spielt man vom Morgengrauen an Monopoly. Man wird endlich diesen verdammten Heizkessel instand setzen. Am ersten Schultag wird man die Kinder zur Schule bringen und sich fragen, was es mit einem macht, so etwas jeden Morgen zu tun.

Die Zeit vergeht schnell, und dann wird man eines Morgens aufbrechen, sich wieder auf den Weg machen, der der Weg der Rennen und des Lebens ist, und den anderen durch die Scheibe zuwinken.

Gegenwind

Ich glaube, das ist mein schlimmster Saisonbeginn. Gleich nach den Festtagen habe ich wieder angefangen zu trainieren. Morgens fuhr ich in meiner Gegend herum und es regnete. Ein eisiger Regen. Also habe ich beschlossen, ein wenig Sonne im Süden zu suchen, und meine schwangere Frau mit den beiden Großen zurückgelassen.

Als ich dort unten ankam, regnete es. Ich bin auf die Kanaren geflogen, um auf Teneriffa meine Teamkollegen zu treffen, und es regnet weiter. Ich breche zum Training auf und habe Gegenwind. Am nächsten Tag sage ich mir: »So, jetzt fahre ich in die Gegenrichtung«, aber der Wind hat über Nacht gedreht und ich kriege wieder alles frontal ins Gesicht. So viele beschissene kleine Nackenschläge… Ich habe auf einer einzigen Ausfahrt drei Reifenpannen und muss zu Fuß heimlaufen. Mein Schaltwerk klemmt am Berg. Meine Rückenschmerzen melden sich wieder. Schlaflosigkeit und Alpträume. Das widerwärtige Essen und die verhasste Diät. Die besten Kumpel gehen mir auf den Sack. Der Wunsch, allein mit meiner Katze auf den Knien und ausgestreckten Beinen im Warmen zu sitzen.

Mit Widerwillen spule ich die Kilometer ab, aber das Schlimmste ist, wenn nichts dabei rumkommt. Kein Gefühl, keinerlei Rückmeldung. Schmerzen die Beine? Drehen sie gut? Komme ich voran? Mache ich Rückschritte? Nichts. Ich bin im Rennfahrer-Nebel. Mein Trainer sagt, die Parameter geben keine Hinweise. Man setzt mich aufs Ergometer, schließt mich überall an, und der Computer spuckt nichts aus. Nichts, nur das, was man sowieso bereits weiß. Ein Saisonbeginn, der mich jetzt schon aufs Saisonende hoffen lässt. Es läuft mir kalt den Rücken herunter. Der Gedanke ans Peloton terrorisiert mich. Der Gedanke an die Rückennummer, die Starts, der Gedanke an Journalisten, die schon im Februar präzise Auskünfte wollen. Das kleine Vorsaisonrennen oberhalb von Marseille bietet vor den großen Klassikern dazu die einmalige Gelegenheit. Es ist der Augenblick, an dem sie alles über mein Programm, meine Pläne, meine Ziele erfahren wollen. Plan: gleich null; Ziel: irgendwie überleben.

Ich bleibe so lange wie möglich im Mannschaftsbus, will mich dieser kleinen Welt so lange wie möglich entziehen. Durchs Fenster sehe ich in den Himmel und bete, er möge uns verschonen. Das erste Rennen der Saison ist immer ein Schock. Ich habe lange Handschuhe und Armlinge übergezogen, dazu eine dünne Mütze, die ich unter dem Helm trage. Gleich heißt es, die Alten wiedertreffen, die neuen jungen Gesichter entdecken, sich mit den neuen Trikots vertraut machen, herausfinden, wer für wen fährt, erraten, wer jetzt schon in Form ist und zum Saisonauftakt gewinnen wird. Ich bin jetzt schon erschöpft. Wie gern wäre ich jetzt allein und ungestört auf einer einsamen, sonnigen Landstraße unterwegs, auf dem kleinen Blatt und entspannt vor mich hin pfeifend.

Ich werde auf jeden Fall hundert Kilometer im Feld abreißen, und wenn ich mich nicht gut fühle, setze ich dann den Blinker und kehre zum Bus zurück. Ich will nicht gleich beim ersten Rennen auf dem Zahnfleisch stranden. Denn ich weiß, wie sich alle mit Argusaugen belauern, um rauszufinden, wer bereits fit ist, wer stark ist, wer bald schon besser sein wird. Ich will meinen Zustand nicht gleich in aller Öffentlichkeit ausbreiten.

Als hätten wir alle Zeit der Welt, rollen wir gemächlich los. Die Lombardei-Rundfahrt, mit der die Saison endet, ist noch neuneinhalb Monate entfernt. Uns drängt nichts. Wir rollen knapp dreißig Kilometer durchs Hinterland der Provence. Niemand scheint angreifen zu wollen. Die Sonne ist noch etwas schüchtern, aber die Straße riecht gut. Gleich geht's rauf in die Mimosenbäume. Meine Beine tun nicht mal weh – in meinen Augen kein gutes Zeichen. Im Peloton wird gequatscht. Ich halte mich hinten auf. Hier und da ein Paar Zuschauer beim Picknick am Straßenrand. Besessene, die uns bis Oktober folgen werden.

Meine Gedanken verfransen sich derart, dass ich vom ersten Anstieg ganz überrascht bin. Wenn ich mich richtig erinnere, sind es an die zehn Kilometer bei fünf bis sechs

Prozent. Immer mit der Ruhe. Ich wähle eine kleine Übersetzung, und meine Beine sagen immer noch nichts. Wir fahren nun bergauf. Ich bin erleichtert, denn für mein Gefühl ist das Tempo moderat. Während des Anstiegs lichtet sich das Peloton um mich herum, bald bin ich in seiner Mitte und einen Kilometer später befinde ich mich vorn, ohne beschleunigt zu haben und immer noch in meinem Tempo unterwegs. Um einmal anzutesten, gebe ich kurz Gas, und schon bin ich mit drei anderen Typen weg. Einen davon kenne ich, die anderen sind Neulinge, junge Fahrer. Wir stimmen unser Tempo und die Wechsel ab. Das Peloton fällt zurück. Es wird uns vorn machen lassen und uns dann drei Kilometer vor dem Ziel einholen, wie immer. Das macht mir nichts, ich bin ohne Strategie unterwegs, ich nehme es, wie es kommt. Wir sind immer noch gut unterwegs, und ich kann das Tempo mühelos mitgehen. Meine Führungen laufen absolut gleichmäßig. Im Vorbeifahren werfe ich einen Blick auf meine Fluchtgefährten und bin ganz überrascht, wie konzentriert sie bei der Sache sind. Ihre Gesichtszüge sind angespannt, die Zähne zusammengebissen, ich könnte schwören, sie geben gerade alles. Das Peloton ist eine Minute hinter uns. Es führt uns an der langen Leine. Die Sprintermannschaften regulieren das Tempo. Der Sieg darf ihnen nicht entgleiten. Sie holen uns bewusst nicht so schnell wie möglich ein, denn sie wollen vermeiden, dass neue Attacken entstehen, die ihre Pläne durchkreuzen. Sie werden uns genau in dem Augenblick aufrollen, wenn sie zu ihrem Sprint abheben. Sie knabbern an unserem Vorsprung. Wir haben nur noch vierunddreißig Sekunden, dann dreißig, dann fünfundzwanzig, dann neunzehn. Der Mann mit der Schiefertafel und der Teamfunk im Ohr bestätigen es. Die letzten Sekunden der Verurteilten. Sie werden mit 60 Sachen über uns herfallen und uns verschlingen. Und das geht mir richtig gegen den Strich.

Die nächste Ablösung, ich bin wieder an der Reihe, die Führung zu übernehmen. Um die Ehre zu retten, beschleunige ich und finde mich plötzlich allein an der Spitze wieder. Alle Mitausreißer sind zurückgefallen. Ich werde als Letzter eingeholt werden. Vier Kilometer vor dem Zielstrich noch zehn Sekunden. Kette rechts. Bei Kilometer drei sind es fünfzehn Sekunden! Bei Kilometer zwei einundzwanzig! Ich werde sie schlagen! Ich werde die Meute bezwingen! Ich werde mir den Luxus gönnen, heute die Arme zu Ehren des Winterendes und des Saisonauftakts in die Höhe zu reißen. Die perfekte Art, um die ganze hübsche Bande zum nächsten Rendezvous zu bitten. Bei Mailand–Sanremo, La Primavera!

Aus dem Gedächtnis

Der Radsport verlangt ein gutes Gedächtnis. Es ist ein Denksport. Bei den Briefings höre ich immer genau hin, merke mir die Streckenverläufe, vor allem die Ankünfte. Wird mir die Sache zu kompliziert, mache ich mir Notizen. Manchmal klebe ich mir sogar einen kleinen Merkzettel mit Tesafilm auf den Vorbau, um mir meiner Sache sicher zu sein. Meistens liegen die Zielankünfte in einer Stadt, und so wird die Anfahrt zu einer Abfolge von Hinterhalten. Diese ganzen verkehrsberuhigenden Straßenumbauten sind die Hölle. Besser, man weiß vorher, auf welcher Seite man durch einen Kreisverkehr muss, will man anschließend schnell wieder in Fahrt kommen. Es ist ratsam, die Höhe einer Fahrbahnschwelle zu kennen, bevor man mit 60 km/h darüber hinwegbrettert.

Das meiste aber lernt man nicht beim Briefing, sondern auf der Strecke. Jedes Jahr kommen wir an den gleichen Stellen vorbei, da ist es entscheidend, sich diese einzuprägen, die Tücken und Fallstricke zu kennen. Ich blicke mich um und finde die geistesabwesenden Fahrer unerträglich, die ihre Kilometer abspulen, ohne je etwas zu sehen, ohne irgendwas in ihrem Kopf abzuspeichern. Typen, die immer wieder aufs Neue in die ewig gleichen Löcher tappen, Jungs, die den Wald von Arenberg mit dem Carrefour de l'Arbre verwechseln, die es überrascht, wenn am Izoard die Straße nach der kurzen Abfahrt in der Casse Déserte wieder ansteigt, Jungs, die vergessen, dass es bei der Ankunft in Briançon bergauf geht, auch wenn man es ihnen morgens in der Teambesprechung noch gesagt hat.

Gerade jetzt denke ich ganz besonders daran, weil wir im Süden sind, in der Nähe von Bessèges, und ich sehe, wie einige Fahrer im Peloton schon die Frühlingsluft und den Duft der nahen Provence schnuppern, anstatt sich die wichtige Frage zu stellen, was sie nun wirklich erwartet. Im Augenblick rollen wir auf einer breiten Straße mit gutem Belag dahin, doch wie so häufig in dieser Region wartet gleich ein hoch auf einem Felsen gelegenes Dorf mit winzigen, gepflasterten Gässchen voller Schlaglöcher. Wenn ich sehe, wie die Züge sich formieren, um ihre Sprinter in Position zu bringen, zucke ich mit den Schultern. An der Engstelle werden ihre Bemühungen eh zerschellen. Dann werden an allen Ecken und Enden Fahrer aufgehalten, und vorne bleibt nur noch eine Handvoll böser Jungs übrig, von denen der Böseste am Ende außer Atem die Linie überquert, während hinter ihm das Peloton explodiert. Kennt man aber die Streckenführung dieses Rennens, kann man es sieben Kilometer vor dem Ziel für sich entscheiden, an der ersten Verkehrsverengung nach der Linkskurve. Dort muss man alles geben und danach durchziehen, während dahinter die Ellenbogen eingesetzt werden. Dieser Angriff mag selbstmörderisch scheinen, aber gerade deshalb hat er eine Erfolgschance. Genau dort muss ich angreifen.

Ich bin auch kein lieber, unbescholtener Junge, aber einer von den Bösen bin ich auch nicht. Zwar habe ich keine Angst davor, mich ins Getümmel zu stürzen, aber hin und wieder, wenn es nur Platz für einen gibt, ziehe ich lieber als Erster an den Bremshebeln. Es ist weder Schwäche noch Angst, nur fahre ich einfach nicht in der Art der Jungs aus dem Norden, die ihre Schultern durchdrücken und dir den Eindruck vermitteln, als würden sie niemals auf die Idee kommen, freiwillig zu bremsen – übrigens bremsen sie wirklich nicht. Sie haben keine Angst vor Stürzen, besonders, wenn diese hinter ihnen stattfinden. Ich muss mich also aus diesem Wespennest befreien, bevor es zu Verlusten kommt. Bei Kilometer sieben, gleich am Eingang des Dorfes, werde ich also angreifen. So diktiert es mir meine kostbare Erinnerung an Straßen und Orte.

Dafür muss ich zunächst in die zweite Reihe hinter der Spitze vorrücken. Das ist noch nicht allzu schwer. Ich arbeite mich vor. Ich platziere mich zwischen zwei Rücken, um die Kurve einsehen zu können. Wir umrunden einen Kreisverkehr, ich halte meine Position, die Straße wird breiter, das Peloton fächert sich in seiner gesamten Breite auf, und plötzlich kommt die trichterförmige Engstelle. Linkskurve und dann Vollgas. Ich gebe alles, als wäre es schon der finale Sprint zur Ziellinie, danach orientiere ich mich. Ich spüre, wie ich ein erstes Loch gerissen habe, und lege noch eine Schippe drauf. Ein kurzer Blick nach hinten, bevor ich mich wieder setze. Der Abstand ist da und nur Pétoulet noch an meinem Hinterrad. Pétoulet ist ein Kumpel von mir. Bis zum letzten Jahr waren wir in derselben Mannschaft und teilten uns die Hotelzimmer. Ein guter Freund. Er löst mich in der Führung ab, und ich weiß, mit ihm gibt es keine Missverständnisse, er fährt auf eigene Rechnung und wird nicht rausnehmen. Das ist ein Trumpf. Wir legen uns beide ordentlich ins Zeug. Nach der Kurve in der Ortsmitte sind wir außer Sichtweite des Pelotons, und unsere Chancen durchzukommen wachsen, das weiß ich. Wir haben sie abserviert, die Flahutes, die Anfahrer, die Sprinter, die Großkaliber, sie haben sich in den schmalen Sträßchen verkeilt. Ich bereite mich vor, denn ich weiß, in 300 Metern kommt eine sehr knackige Welle. Pétoulet geht aus der Führung, und mit einer Riesenübersetzung gehe ich im Wiegetritt nach vorn. Nichts zu verlieren. Ich schlucke den Buckel. Pétoulet übernimmt das kleine Flachstück über den Marktplatz. Im Anstieg danach gehe ich wieder nach vorn, pflüge im Zickzack den Berg hoch, von hinten kommt keiner, allmählich sieht's gut aus. Hier erinnere ich mich an eine Bremsschwelle vor der Kreuzung, aber die kann man voll nehmen. Man muss nur den Hintern ein wenig vom Sattel lupfen. Da vorne ist die Flamme Rouge, wir erreichen die Absperrgitter, die den letzten Kilometer säumen. Die Zuschauer johlen. Ein Blick nach hinten: niemand da.

Pétoulet schert zur Seite aus. Ich fühle mich gut und beschleunige. Er springt an mein Hinterrad. Wie ich weiß, steigt ab der 200-Meter-Marke die Strecke ganz unmerklich an. Ich schalte aufs 13er-Ritzel und ziehe durch. Pétoulet kommt auf Höhe meines Tretlagers, dann meines Vorderrads, dann meines Reifens und schlägt mich um fünfzehn Zentimeter auf dieser verdammten weißen Doppellinie, die das Ziel markiert.

Wir treffen uns beide sofort nach der Ankunft, gleich hinter den Fotografen. Er strahlt übers ganze Gesicht. Er trinkt einen Schluck. Er drückt mich an sich und klopft mir auf die Schulter:

»Wirklich fantastisch, dass du Zweiter geworden bist. Du kannst darüber froh sein, ganz ehrlich, denn heute konntest du mich nicht schlagen. Ich kannte die Zielankunft auswendig.«

Cyclocross

Wir sind im Januar, in Belgien regnet es, und gleich gehen wir an den Start. Auf den ersten Blick ist Cyclocross ein absurder Sport. Man nehme trainierte Radrennfahrer und veranstalte mit ihnen einen Geländelauf. Man nehme filigrane Straßenmaschinen, versehe sie mit schmalen Schlauchreifen und werfe sie in den Matsch, den Schotter oder nasses Gras. Man nehme Athleten mit hervorragendem Gleichgewichtssinn und sorge dafür, dass sie dank aller erdenklichen Hindernisse, die man ihnen überall in den Weg stellt, auf die Schnauze fallen. Man achte drauf, ihnen alles zu verwehren, was die Aufgabe erleichtern könnte: Mountainbikes, dicke Stollenreifen, gerade Lenker, auf denen sich das Gleichgewicht besser halten lässt. Nichts von alledem. Nur ein echtes Rennrad, das man mit der Hand schiebt oder sich über die Schulter wirft, um Hindernisse zu überwinden. Ein einzigartiger, altbackener, leicht schräger Sport voller verdecktem Humor und surrealen Elementen; in gewissem Sinne ein sehr belgischer Sport.

Dennoch nehme ich an diesen Crossrennen teil, diesen Relikten aus einer anderen Ära, und werde sie am Ende sogar lieben. Die Straßensaison hat noch nicht begonnen, ein paar Monate durch die Wälder zu radeln, ist eine gute Überleitung. Man kommt wieder neu zu Atem und baut Muskeln auf, die ersten Startnummern des Jahres werden ans Trikot geheftet, und man begegnet auch dem Muskelkater in den Beinen wieder, den man, genau wie die Kumpel, eine Zeitlang vergessen hatte.

Der Start ist ein Sprint. Alles stürzt los. Vorn wird die Strecke enger, und bis dort muss man sich seinen Platz gesichert haben. Wenn man sich behaupten will, fährt man eigentlich mit kleiner Übersetzung. Ich drücke zu stark, und mein Hinterrad dreht durch. Ich habe schon zwanzig Positionen und mein Gleichgewicht verloren. Am ersten Grashang rutsche ich nach unten weg und komme von der Ideallinie ab. Vor dem Waldstück will ich ein paar Plätze gutmachen. Erstes Absitzen. Wie schaffen die vorne es nur, ohne abzusteigen? Ich springe wieder aufs Rad und nehme die Abfahrt im Stehen, meine Arme müssen ganz schön was schlucken, als ich über die Wurzeln hüpfe. Unten in der Senke haben die Führenden schon eine richtige Suhle gegraben. Ich komme mit hohem Tempo an, das Vorderrad sinkt ein. Ich gehe über den Lenker. Erstes Schlammbad. Erster Schlag in den Rücken, denn der Hintermann konnte auch nicht mehr bremsen. Wie sind die Jungs an der Spitze nur heile durch diese Kloake gekommen? Kaum aufgestanden, sitze ich wieder im Sattel. Matsch hat sich in meine Pedale gesetzt, und nur mit größter Mühe schaffe ich es, wieder einzuklicken. Der Morast hat sich auch zwischen die Ritzel meiner Kassette gesetzt, und ich kann die Gänge nicht mehr wechseln. Da kommen schon die Hürden. Einfache Bretter von vierzig Zentimeter Höhe, die zu überspringen sind. Ich weiß, dass es Belgier gibt, die da einfach mit dem Rad drüberspringen, ja, ich weiß. Mir fällt es schon schwer, zu Fuß darüber hinwegzuhüpfen. Wir knubbeln uns. Danach eine hundert Meter lange Gerade durch den Straßengraben, der die Treppe ankündigt. Es riecht nach Rüben und feuchtem Lehm. Mit geschultertem Rad nehme ich die vier Stufen auf den Zehenspitzen laufend und rutsche wegen des verdammten Matschs zwei wieder runter. Ein Fotograf schießt ein Bild von mir. Da werde ich ja hübsch aussehen. Innerlich lache ich darüber. Solche Porträts sind mir am liebsten, ich ziehe sie allen anderen vor: mein verschmiertes Gesicht, meine schmutzige Brille und die pottdreckigen Klamotten. Was ich am Cyclocross liebe, ist, mich im Dreck wälzen zu können. Entspricht nicht mehr ganz meinem Alter, aber hier habe ich das Recht dazu. Natürlich ist das nicht der kürzeste Weg zum Sieg. Auf der Treppe werde ich überholt und bekomme einen heftigen Schlag vom Rad eines Kontrahenten ab. Oben überblicke ich den Parcours und sehe in der Ferne die Belgier, die rasen, als seien sie auf einer Autobahn unterwegs.

Nach der ersten Runde verlange ich auf der Ziellinie ein neues Rad. Ich habe zwei Maschinen dabei und wechsle nach jeder Runde, der Mechaniker hat gerade genug Zeit, das dreckige Rad mit dem Schlauch abzuspritzen und kurz etwas Öl über die Kette zu gießen. Es ist eine Plackerei. Mein Rückstand ist beachtlich, aber ich werde aufholen. Jetzt kenne ich alle Tücken des Parcours. Beim nächsten Durchlauf darf man mit noch etwas mehr Schlamm rechnen. Die Champions ziehen ihre Furche.

Ich sehe mich um: Was vom Peloton noch übrig ist, sieht völlig versaut aus. Mit großer Mühe erkenne ich die Kumpel unter ihrer schwarzen Maske wieder. Allez! Nur noch drei Runden, nur noch fünfundvierzig Minuten. Ich überhole einen, dann zwei, und ich glaube, das reicht für heute, denn plötzlich versinke ich bis zur Wade im Schlamm und wiege locker zwei Kilo mehr. Ich bin froh, wenn's vorüber ist.

Das Ziel befindet sich meistens auf einem asphaltierten Teilstück, so bleiben die Zuschauer mit ihrem Bier in der Hand schön auf dem Trockenen. Es regnet ohne Unterlass, einzeln und in versprengten Grüppchen rollen wir über die Linie. Ich werde Fünfundzwanzigster. Diese belgischen Teufel haben sich schon wieder auf ihren Rädern gehalten und gewonnen. Das weiß ich sofort. Ich sehe sie im Ziel und erkenne sie, weil sie als Einzige sauber geblieben sind.

Das Küken

Arthur träumte vom Peloton, von bunten Trikots, knallhart aufgepumpten Reifen und von Sprints, die er um Reifenbreite gewann. Er würde Radrennfahrer werden oder gar nichts. Mit gerade einmal sieben Jahren trainierte er fleißig und systematisch. Auf seinem kleinen Fahrrad drehte er eine Hausrunde nach der anderen in der Hoffnung, Rekorde zu brechen. Das Gelände war günstig, und wenn ihm niemand den Weg abschnitt, konnte er sich aufs Gleichgewicht konzentrieren, während er die geschotterten Kurven in vollem Tempo nahm. »Der Champion muss bei Gelegenheit auch ein guter Akrobat sein«, sagte er sich weise. Im Erdgeschoss hatte er einen Wecker auf die Fensterbank gestellt, mit dem er nach jeder Runde überprüfte, wie sich seine Zeiten verbesserten. Diese übertrug er in ein kleines Heft, das er nie aus der Hand legte.

Nach zwei Jahren beharrlichen Trainings merkte er, wie seine Knie ihm gegen den Bauch stießen, wenn er unten am Lenker griff. Sein Rad war eindeutig nicht mitgewachsen, die Leistungen litten. Die Position war unbequem geworden.

Eines Sonntags besuchte ihn ein Vetter, der im ersten Jahr bei den Junioren fuhr, und schenkte ihm sein Rennrad.

Er war gerade einer gewissen Noémie begegnet, die es mit der Liebe und Partys eiliger hatte als mit der Betreuung eines angehenden Radprofis. Der Junge hatte den Sex entdeckt und ihm umgehend seine Rennradkarriere geopfert. Deshalb brauchte er kein Rad mehr.

Arthurs Freude war riesig. Wie sehr hatte er von einem solchen Rennrad geträumt! Er kannte jede Schraube daran: der Carbonrahmen, auf dem »CUBE« stand, Schaltung und Bremsen von Campagnolo, eine Kassette mit elf Ritzeln, der Sattel hatte einen Spalt in der Mitte, Klickpedale von Look, das rote Lenkerband, die Trinkflasche ebenfalls rot. Ein reines Wunder!

»Bist du sicher, dass du es mir schenken willst?«

»Ja, ganz sicher.«

»Sicher, sicher, sicher? Für immer?«

»Sicher.«

Von da an gab es in Arthurs Kopf nur einen Gedanken: wachsen. Das Rad war ihm viel zu groß, selbst wenn er die Sattelstütze ganz einschob. Auf einem weißen T-Shirt markierte er sich die Höhe des Rahmens mit einem roten Stift. Jede Woche prüfte er nach. Er hatte das Gefühl, nicht mehr zu wachsen. Als sich die Sache in die Länge zog, befürchtete er, kleinwüchsig zu sein. Aber wenn er seine Runden ums Haus drehte, merkte er doch, dass sein altes Rad immer kleiner wurde. Er hatte den Sattel maximal ausgezogen, aber seine Knie schlugen immer noch gegen seine Rippen.

Er machte weiter und wartete auf den Tag, an dem er auf sein großes Rad steigen würde und sich im Verein anmeldete, um die ersten Blumensträuße zu holen.

Eines Tages erreichte er das Mindestalter und kam gerade so in den Sattel. Seine Arme mussten sich noch gehörig strecken, sein Rücken dehnte sich, die Füße erreichten die Pedale kaum, aber er konnte nun mit dem Rad des Vetters fahren. Dreizehn Jahre des Wartens!

Eine gewisse Lou in seinem Alter, die ihm seit kurzem überall hin folgte, stand an diesem großen Tag mit ihm in der Garage. Arthur war so weit! Er hatte den letzten Strich auf seinem mittlerweile zu engen T-Shirt gemacht, mit Datum. Er war jetzt groß.

Lou hielt das Rad, während er mit seinen neuen Schuhen und frischen Cleats in die Pedale einklickte. Sie schob ihn langsam hinaus, beglückt warf sie ihm zur Motivation einen Kuss hinterher, und er drehte seine übliche Runde ums Haus.

Die ersten Runden verliefen zaghaft: Das Rad war hoch, es steuerte sich zu leicht, die Kurbeln waren viel länger, eine Pedalumdrehung schien endlos zu sein. Langsam legte er los. Dann wuchs mit dem Selbstvertrauen seine Geschwindigkeit. Auf der dritten Runde schlug er seinen Rekord um Längen.

Strahlend hielt er an und fiel dabei ins Gras, weil er vergessen hatte, aus den Pedalen auszuklicken. Lou küsste ihn und feierte seine Großtat. Er war so stolz.

»Morgen«, sagte sie, »machst du dreißig Dorfrunden, ich komme mit. Nächste Woche fährst du die Hügel rauf und dann über den Weiler zurück, dreimal, einmal mit Intervallen. Dienstag viermal im Maximaltempo. Am Mittwoch aktive Regeneration… Von jetzt an schreibe ich alles in einem kleinen Heftchen auf.«

TGV

Das Schlimmste an diesem Beruf sind die Stunden ohne Rückennummer. Die Stunden im Flieger und im Zug auf dem Weg zu den sonnigen Trainingslagern in den Wintermonaten, zum »Klettterertreff« in den spanischen Bergen, zu den Startorten der Rennen, die Reisen zu Sponsoren, die Rückkehr für ein paar Stunden nach Hause, das Wiederaufbrechen im Morgengrauen mit der großen Sporttasche, die gegen die Waden schlägt, und diese Fahrtstunden, bei denen der Kopf schaukelt, die Beine schwer werden, diese Stunden, in denen man nicht schlafen kann, diese Stunden, wenn die Buchstaben in der Zeitung vor den Augen tanzen oder das Buch auf die Knie fällt, die Stunden, in denen man im Kopfhörer nie die richtige Musik findet, weil die Beine nicht tanzen können. Die bleiernen Stunden.

Ich sitze im TGV in Richtung Holland. Morgen ist Renntag; im Prinzip habe ich eine kleine Chance, dort etwas zu reißen, aber gerade fühle ich genau, dass ich nicht die Beine habe und stattdessen kraft- und lustlos am Ende des Pelotons herumgondeln werde. Der leichte Schmerz im linken Knie ist wieder da. Ich kann keine komfortable Stellung für mein Bein finden. Ich dehne es unter dem

Vordersitz, falte es unter mir. Heute Abend spreche ich mit dem Mannschaftsarzt darüber, aber ich kenne ihn, habe Angst, dass er mich aus dem Verkehr zieht, und dann werden es wieder endlose Zugstunden nach Hause, Stunden zum Physiotherapeuten, Stunden ohne Rückennummer.

Und selbst wenn ich mir einrede, nicht daran zu denken, denke ich trotzdem daran. Wie habe ich es letzten Sonntag nur angestellt, Zweiter zu werden? Es ist diese verdammte Freude am Sieg, die ich nicht loswerde. Schon als Neugeborenes riss ich die Arme hoch und rüttelte meine Fäuste zum Zeichen des Sieges. Ich habe immer gern allen meine Freude gezeigt, Erster zu sein. Ich grüße meine Lieben, zeige den Sponsorenschriftzug auf meinem Trikot, um denen einen Gefallen zu tun, die mich bezahlen, ich lache mit allen Zähnen, wiege mein Baby zum Schein, küsse den Ring, den ich an einem Kettchen um den Hals trage. Häufig frage ich mich auf den letzten Kilometern, welche neue Siegesgeste ich erfinden könnte. Ich beneide die Fußballer, sie können herumtanzen oder auf Knien über den gewässerten Rasen rutschen. Ich liebe es, die Augen zum Himmel zu heben, als Dank für das schöne Wetter oder die Wolken, und zapple gern auf dem Sattel herum, als sei ich schon vom Rad befreit.

In meinem Überschwang habe ich den schlauen Jungspund nicht von hinten kommen sehen, wie er mir unter den Achseln hindurchfuhr und meinen Sieg stahl, den ich schon gefeiert hatte! Natürlich fand sich das Bild am nächsten Tag auf Seite eins der *L'Équipe* wieder. Man sieht darauf, wie ich mit breitem, dämlichem Grinsen den Sponsorennamen auf meinem Trikot präsentiere, während er sein Rad ganze drei Zentimeter vor mir über den Zielstrich schmeißt. Zweiter und Volldepp. Ich habe mich lächerlich gemacht und meinen Sponsor bei der Gelegenheit auch. Wir waren der Aufmacher von *Stade2*, alle Regionalzeitungen haben das Bild auf der Titelseite gebracht, man hat meine lächerliche Niederlage im Radio breitgetreten. Ich bin der Star der Deppen. Mir bleiben nur noch Siege, um dieses Image wieder loszuwerden. Viel gewinnen, häufig gewinnen, dann wächst Gras drüber.

Der TGV walzt die Landschaft platt. Ich habe die Musik ausgemacht, aber die kleinen Knopfhörer in den Ohren behalten. Sie schützen mich vor dem Krach der Welt. Ich drücke meine Stirn an die Scheibe, hole mir ein wenig Frische. In Flandern regnet es. Mein Knie quält mich, und eine Migräne kommt auf. Ich würde das gern alles einfach löschen, den Bahnhof, die Ankunft im Hotel, das Mannschaftsessen, die Besprechung mit dem sportlichen Leiter, die Nacht, und lieber schon beim nächsten Morgen sein, das saubere Trikot auf dem Bett ausbreiten und mit vier Sicherheitsnadeln meine Rückennummer anheften, um endlich den Kopf zu heben und wieder Radrennfahrer zu sein.

Babylon

Damals in diesem Kriterium haben sie gebummelt, also steckte ich die Nase zum Fenster raus, zog als Baroudeur los, erhöhte den Zug auf der Kette ein bisschen, und so fand ich mich plötzlich mit Stab vorne wieder, »mano a mano«. Wir waren auf Katzenfüßen weggekommen, ganz still und leise. So hatten wir nun praktisch einen Freifahrtschein, und wenn wir uns nicht zu blöde anstellten, war das der perfekte Coup. Wir hatten das Peloton überrumpelt und in seine Einzelteile zerlegt. Man muss dazu wissen, dass der Radsport damals, in dieser Ära, noch ein anderer war.

Wir rissen zehn Kilometer ab, ließen es geschmeidig rollen, ich hatte einen guten Tag erwischt, ich hatte die Beine, und da fing dieser Penner an, eine Drecksnummer mit mir abzuziehen. Er hob den Hintern und latschte richtig drauf. An der Schippe Sand nahm er mir eine halbe Radlänge ab. Wir gingen über die Kuppe, und nach der Abfahrt fuhr er eine lange Führung und tat dann so, als wäre er grau, damit ich vorbeiziehe. Und fortan spielte er den Bremsklotz. Machte mir die Hölle heiß. Er kochte über. Vielleicht hatte er die Pillendose mitverschluckt und sein Kessel überhitzte.

Achtung, ich sag ja nicht, dass ich nicht auch mal ein bisschen Salz in meine Suppe streue, ich bin Profi genug und mache meinen Job, aber doch nicht für ein Kriterium! Irgendwann testete er dann mal an, und ich dachte schon, er würde mich abschütteln, dann war ich seine Marotten satt und beschloss, erst mal an seinem Hinterrad zu lutschen. Gemütlich machte ich es mir auf seinem Gepäckträger bequem, bis er von seinem Trip runter wäre. Nach einem Kilometer drehte er sich um und beschimpfte mich als Ratte! Ganz schön aufgeblasen!

»Was hast du gesagt?!? Sag das noch mal!«

»Ich habe Ratte gesagt, ja, eine kleine Ratte bist du, ein Lutscher, ein Verpisser, das passt dir wie angegossen.«

»Das werden wir ja sehen, du Quarkwade hast doch Oberschenkel wie Unterarme und bist der Prinz des Gruppettos!«

Und dann zündete ich die Lunte, rammte mir den Sattel in den Hintern. Ich ließ ihn stehen. Zornig warf er mir seinen Bidon nach! Vor lauter Wut nahm ich ihm fünf Radlängen ab, dann zwanzig. Kette rechts, große Übersetzung, damit demütigte ich ihn. Keine Chance, das Loch zu stopfen. Tatsächlich hatte er die ganze Zirkusnummer abgezogen, weil er keinen Saft mehr hatte, er war ausgeglüht, komplett geparkt! Dabei war er vom Typ her ein echtes Moped. Ich habe noch einen Zahn zugelegt, am Horn gezogen und mein Tempomat eingestellt, lieber ein ganz wenig drunter bleiben, so gerade im grünen Bereich. Ich wollte mir nicht die Beine verbiegen und dann irgendwann sterben, also blieb ich bei 52 x 15. Ich kann dir sagen, an dem Tag war ich echt stolz darauf, die Arme zu heben und das Trikot zu zeigen. Ich hatte ein Ding gedreht. Er dagegen hing noch eine Weile zwischen Baum und Borke, spielte noch ein wenig Chasse Patate, bis er schließlich genervt die Flinte ins Korn warf und die Beine hochnahm!

Heute ist nichts mehr so wie früher. Ich frage mich, wie ihr euch untereinander verstehen könnt. Das Peloton, mit dem ihr es tun habt, ist das reinste Babylon. Wenn früher ein neuer Fahrer aus dem Ausland kam, lernte er sofort die Sprache des Radsports, um eingeweiht zu sein. Tom Simpson, Joop Zoetemelk, der junge Roche, alle beherrschten den hiesigen Radsportjargon, bevor sie Französisch lernten. Jetzt höre ich, wie ihr den Journalisten auf Englisch antwortet, sehe euch mit den Kolumbianern und Slowenen auf Englisch unterhalten. Wo ist die Sprache des Pelotons geblieben? Ich könnte dem Kerl hinter mir nie sagen: »Excuse me, Sir, take the relais, please.«

Die Beine

Ich brauchte nicht einmal zehn Kilometer, um zu wissen, dass das Ziehen in den Beinen nicht verschwinden würde und mir ein Tag im Zeichen des Schmerzes bevorstand. Schmerzende Beine sind ein ständiger Begleiter des Radsportlers, doch zu große Schmerzen sind sein Fluch. Man merkt sehr bald nach dem Start, ob man gute oder mittelmäßige Beine hat, und sehr bald spürt man auch, nur eben seltener, dass die Beine in der Hölle sind.

Gute Beine sind solche, die man nicht fühlt, in die man Vertrauen setzen kann, die einem das richtige Zeichen geben, wenn man es übertreibt, und immer wieder den guten Schmerz fordern, denn der macht uns schneller und schneller. An einem Tag mit guten Beinen fühlt man sich zu allem fähig; man ist auf der Höhe seines Könnens und an seinem Maximum. Voller Vorfreude erwartet man die nächste Welle, denn man weiß vorher schon, wie sehr man alle anderen quälen wird, man wird sich kompakt, konzentriert und kraftvoll fühlen. Der Schmerz, den man dabei empfindet, wird von der süßesten Art sein und verfliegen, sobald die Ziellinie überquert ist. Für genau diese extremen Momente hat man eines Tages beschlossen, Radrennfahrer zu werden.

An den Tagen mit mittelmäßigen Beinen, die bei weitem die häufigsten sind, bleibt man auf der Hut. Man horcht in seinen Schmerz hinein, besänftigt ihn, sagt sich, so schlimm sei es doch gar nicht, man spürt, wie er kommt und geht, fühlt, wie er auf der Straße seinen Weg sucht. Den Hügel nimmt man noch an der Spitze mit, und dann wird man plötzlich bei einem Antritt aus dem hinteren Teil des Feldes ausgebremst, aber man reißt sich zusammen und setzt nach. Man muss auf der Hut sein, scharf analysieren und das Beste aus dem machen, was da ist. Schmerzt der Anstieg allzu stark, bleibt man im warmen Schoß des Pelotons, und geht die Hatz zu schnell, lässt man die eine oder andere Ablösung aus. Man spart sich auf, schont sich, macht aus wenigem das Beste, verbirgt vor den anderen seine Wehwehchen und beißt die Zähne zusammen. Am Ende läuft der Tag gar nicht so schlecht, und man weiß, Massage, Abendessen und die Nacht werden helfen, vorübergehende Schmerzen zu vertreiben, und morgen wird ein anderer Tag mit anderen Beinen sein, ein Tag mit guten Beinen.

Und dann gibt es noch Tage wie heute. Das Programm für einen normalen Menschen wäre: Schmerzmittel und ab ins Bett, Beine hoch und im Fernsehen verfolgen, wie die Kollegen die Etappe bestreiten. Doch stattdessen heißt es für einen Radrennfahrer: 230 Kilometer durch die Hölle. Gleich als wir die erste winzige Kuppe nahmen, habe ich begriffen, dass ich alle war. Ich fiel immer weiter im Peloton zurück, habe wieder beschleunigt, um meine Position zu halten, und fiel doch nur weiter zurück. Und das, während ich das Gefühl hatte, alles zu geben, was ich noch in den Beinen hatte. Ich habe es eingesehen und mich wieder hingesetzt. Mir blieb also nur, mit dem Schmerz zu verhandeln und ihn so lange wie möglich zu ertragen.

Die Mitte des Pelotons, sein Bauch, ist der Ort, an dem es sich leichter rollen lässt. Gut geschützt und im Geborgenen kommt man mühelos voran. Manchmal kann man sogar im Freilauf das Tempo halten, während die Kameraden vorn mit allen Kräften am Horn ziehen. Dieser Ort, den ich privat »den Sessel« getauft habe, ist, das braucht man wohl kaum erklären, ein sehr begehrter Ort. Es ist der Treffpunkt aller Verletzten, aller Pflasterträger und der vom Vortag Erschöpften. Hier können auch jene durchschnaufen, die gerade vorne lange Tempoarbeit geleistet haben, es ist der Unterschlupf für Jungs, denen vorübergehend ein bisschen die Luft ausgegangen ist, oder einiger ganz Schlauer, die am nächsten Tag Großes vorhaben. Die Plätze sind teuer. Zur hohen Zahl derer, die sie begehren, kommt der Umstand hinzu, dass ein Peloton eine wandelbare Masse ist, die sich in die Länge zieht, sich zusammenstaucht und dann wieder ausdehnt, weshalb der Sessel ständig seinen Platz verändert. Man wähnt sich in Sicherheit, und plötzlich findet man sich ganz hinten wieder, wie ein Verfemter strampelnd, um nicht abgehängt zu werden.

Im Augenblick ist die Straße breit, das Peloton kompakt, das Tempo gleichmäßig, und ich habe meinen Platz gefunden. Ich konzentriere mich darauf, zu treten, ohne wirklich zu treten. Nicht auf die Pedale drücken, sie nur streicheln, gerade die minimale Energie aufwenden, um die Position im Peloton zu halten. Dafür sollte man sich selbst in- und auswendig kennen. Das ist der Zeitpunkt, an dem all die endlosen Stunden, in denen man im Training Druck auf die Pedale gebracht hat, um schneller zu werden, ihren vollen Wert entfalten. Jetzt muss man das Letzte aus sich herausholen, um das geringste Quäntchen Energie einzusparen und den kleinsten zusätzlichen Schmerz zu vermeiden. Unentwegt Schmerzen haben und sich nicht das Geringste anmerken lassen. Lächeln und so tun, als befände man sich durch Zufall inmitten der Leidenden.

Die Straße steigt auf einmal an. Keine Chance mehr, jetzt noch etwas vorzutäuschen. Keine Chance mehr, die Pedale zu streicheln. Selbst im Windschatten muss man sich verausgaben. Der Schmerz ist so jäh, dass ich einen Augenblick lang aufhöre zu treten. Sogleich falle ich zurück und verliere meinen Platz. Mir bleibt nur die Wahl, mir noch mehr wehzutun. Man muss über den Schmerz hinausfahren. Fremde Kräfte anrufen. Gott anflehen, wenn man denn gläubig ist, oder, wenn man nicht an ihn glaubt, sich vorstellen, diese Kräfte befänden sich an einem geheimen Ort in unserem Inneren. Den Schmerz besänftigen.

Sich nicht übermannen lassen. Leicht gesagt. Gerade bin ich bereit, an alles zu glauben.

Schmerzende Beine erzeugen neue Schmerzen. Im Versuch, dagegen anzukämpfen, geht man aus dem Sattel, rutscht auf ihm vor und zurück, macht den Rücken lang und handelt sich eine Reihe kleiner Haltungsschmerzen ein, die zu Nebenhöllen der Hölle werden. Da ist das Sitzpolster, das am Schambein reibt, die Schulter, die sich plötzlich versteift, die Ameisen, die in die Handschuhe kriechen und sich auf den kompletten Händen ausbreiten. Mein Blick heftet sich an den Freilauf des Typen, der vor mir klettert. Ich will nichts anderes mehr sehen als seine rotierende Kette. Ich will nichts vom Berg wissen, den wir gerade hinauffahren. Würde ich aufblicken, dann sähe ich über uns all die Serpentinen und würde nicht mehr daran glauben, es je zu schaffen. Ganz kurz schließe ich die Augen, um mich auf meinen Schmerz zu fokussieren. Ich atme tief durch und ersticke dennoch. Ich schalte in einen leichteren Gang, meine Beine drehen schneller und schreien auf. Also nehme ich doch wieder den dickeren Gang, aber jetzt muss ich stärker drücken und meine Beine schreien schon wieder auf. Ich falle einige Positionen zurück, und meine Augen fixieren einen neuen Freilauf. Durchhalten, denn ich weiß, alle Berge haben ein Ende. Wenn ich an die Tage zurückdenke, an denen ich mir gewünscht hätte, der Anstieg wäre länger, um den Abstand zum Peloton vergrößern zu können, muss ich lachen.

Die Abfahrt beginnt. Sofort höre ich auf zu treten. Ich weiß, ich sollte jetzt essen und trinken. Ich habe es vergessen. Es fällt mir schwer, mit meiner eingeschlafenen Hand den Bidon zu greifen. Den Riegel, den ich mir mühsam in den Mund geschoben habe, spucke ich sofort wieder aus. Ich kotze gleich. Ich werfe ihn in den Graben und konzentriere mich auf meine Haltung auf dem Rad. Wie mein Nachbar anmerkt, sind es noch zwanzig Kilometer. Zwanzig Kilometer, ich weiß nicht mehr, ob das viel oder wenig ist. Ich weiß, dass wir zum Ende hin immer schneller werden, und wenn ich das Peloton durch die Hintertür verlasse, bedeutet das locker eine halbe Stunde Rückstand. Eine halbe Stunde, was ist das schon im Leben?

Wenn jetzt noch ein einziger Anstieg kommt, eine einzige kleine Rampe, gebe ich auf. Ich weiß, so etwas gehört sich nicht, aber ich werde es tun, weil es keinen Grund gibt, so zu leiden, nur um das Vergnügen zu haben, am nächsten Tag wieder so zu leiden. Ich weiß, ich werde nicht aufgeben, aber es beruhigt mich zu wissen, dass ich es tun könnte. Dass es so leicht wäre. Man muss dafür nur am Straßenrand halten, auf das Auto warten und dem Chef sagen: »Ich bin erledigt«, dann an Bord klettern, um nie wieder schmerzende Beine zu fühlen. Sein ganzes Leben lang. Ich habe Magenkrämpfe. Jetzt bin ich ganz am Ende des Pelotons, und jeder Tempowechsel fühlt sich wie ein Keulenhieb an. Das Auto des sportlichen Leiters kommt auf meine Höhe. Er hält mir mit seiner Hand eine Trinkflasche hin. Ich halte mich daran fest wie an einer Boje. Während er den Bidon weiter festhält, gibt der sportliche Leiter Gas, und ich gönne mir eine Ruhepause. Ich schaue ins Auto und sehe das besorgte Gesicht des Masseurs. Meines Masseurs. Der Massagetisch. Die geschlossenen Augen, ein Handtuch über den Genitalien. Hände, die sich in meinem Oberschenkel vergraben und pressen. Fünfzehn Kilometer, nur noch fünfzehn Kilometer.

Schwarze Magie

Einige Jahre lang hatte man den Eindruck, was das Peloton betraf, herrschte eine gewisse Klarheit. Auch für Uneingeweihte war es lesbar. Ein Dutzend Kerle konnten, ein jeder zu seiner Zeit und jeweils in seiner Domäne, das Rennen gewinnen, rund hundert andere konnten ihnen dabei gemäß den Regeln der Zunft behilflich sein (was bei der Tour de France obligatorisch ist) und sogar dann und wann, wenn sich die Gelegenheit bot, selbst ihre Portion Ruhm ernten. Es gab unbestritten einige Patrons, aber nicht *den* Patron. Das Peloton wartete auf seinen neuen Meister.

Die physiologischen Ausgangsbedingungen wurden respektiert: Die Muskelpakete sprinteten, die Leichtgewichte kletterten, die Baroudeure suchten ihr Heil in der Flucht, die Gerissenen waren gerissen. Sie handelten gemäß ihrer natürlichen Gaben, die durch Training und wiederholte Anstrengung verbessert wurden. Die Resultate waren unterschiedlich, aber die Rennen vorhersehbar. Was sie interessant machte, war, dass man eine Renaissance der Erschöpfung erlebte. Die Fahrer erlitten Rückschläge, plötzliche Einbrüche, die sie Menschen ähnlich werden ließen. Der Wettbewerb der Grimassen war wieder zur Regel geworden, und niemand zögerte zuzugeben, dass er Schmerzen hatte.

Die Saison war lang, und die Besten wählten ihre Ziele mit Bedacht aus. Einige bestritten die Frühjahrsklassiker und sparten sich dann für die Herbstrennen auf, andere ließen den April aus, um sich auf die großen Rundfahrten zu konzentrieren. Niemand gab vor, auf allen Gebieten und jeden Tag gewinnen zu können.

Und eines Tages taucht da ein Knabe auf, der plötzlich alles gewinnt, wann er will und wie er will. Ist er der neue Superchampion? Ist er der neue Merckx? Der neue Hinault? Ist er der, auf den alle gewartet haben?

Schnell sieht man in den Statistiken nach, man weiß, dass er von weit her stammt, aus Amerika oder Slowenien, man weiß, dass er Eliterennen bei den Amateuren gewonnen hat. Man sieht, wie blass er ist und mager wie ein junger Kuckuck und dass er eigentlich ein besserer Kletterer als Rouleur sein müsste, nur dass er auch die Einzelzeitfahren mit einem 50er-Schnitt abspult und keine Gegner kennt. Er hat einen engelsgleichen Gesichtsausdruck, der nie verschwindet. Er bleibt bescheiden, denn er weiß, morgen kommen die Berge. Und am nächsten Morgen lässt er mit seinem rätselhaften Pedaltritt, ohne die geringste Regung seines marmornen Antlitzes, alle anderen am Berg stehen und gewinnt, als sei das nicht einmal Absicht. Die besten Kletterer rackern sich hinter ihm ab, die stabilsten Fahrer opfern ihre letzten Kräfte, und die übrigen beeilen sich, um in der Karenzzeit anzukommen.

Man sieht zweimal hin, denn der Junge ist stark, und bald schon entdeckt man, dass er von alten Schlitzohren umgeben ist, die das Milieu längst schon hätte in die Wüste schicken sollen, von Leuten, die man als abgebrühte Hunde bezeichnet, die aber doch ausgemachte Dreckskerle sind. Frühere Rennfahrer, die wegen Dopings verurteilt wurden, gefallene Ex-Trainer und Spezialisten der Spritze, undurchsichtige Pfleger, zweifelhafte Bekehrte, die nach allen Regeln hier keinen Platz mehr hätten, sich aber hinter dem Haus versteckt halten und die Gegebenheiten ausnutzen: die geheime Solidarität des Pelotons, dessen mitschuldige Mitwisserschaft und die Inkompetenz von Instanzen, die eigentlich die Gesetze durchsetzen müssten. Die Jahre verstreichen, doch in einer hinteren Ecke des Hauses gibt es immer noch dieses kleine, geheimnisvolle Türchen, das man einfach nicht für alle Zeit versiegelt bekommt. Diese Tür, hinter der Mixturen brodeln und Salbentöpfe warten, die Kinder nicht öffnen dürfen. Die magische Tür der bösen Jungs.

Ist dieser Jüngling also der neue Merckx? Der neue Hinault? Oder ist er die verdorbene Frucht der schwarzen Magie?

Rohkost

Als man verkündete, auf dem Podium nach der Zielankunft solle es im Namen des Feminismus künftig keine Hostessen mehr geben, die den Sieger küssen, habe ich gemerkt, dass die Welt des Radsports mich gerade hinausgeworfen hatte. Sofort dachte ich an Roberta aus meiner Kindheit, die ungeduldig den Feiertag des Namenspatrons unseres Dorfes erwartete, um den schönen Sieger des Radrennens küssen zu können. Es war Sommer, es war heiß, am Zielstrich mitten im Dorf roch das Rennen nach Pastis, und wir sprinteten, als gehe es um unser Leben. Wir jagten die Prämien und den Schinken, der dem Sieger winkte, wir jagten den Blumenstrauß für unsere Mutter, doch vor allem träumten wir alle von Robertas Kuss. Sobald der Sieger die Ziellinie überquert hatte, wurde sein Gesicht mit einem feuchten Tuch abgewischt, das nach Lavendel roch, und er küsste sie vor den Augen aller Unterlegenen, die sich Roberta fürs nächste Jahr versprachen. Dafür machte sie sich dann noch schöner, zog einen Lidstrich um ihre schwarzen Augen und kämmte sich die Haare nach hinten, damit ihre Wangen besser zur Geltung kamen, legte ihre kreolischen Ohrringe an, trug den Zigeunerrock, der nach der Garrigue duftete. Wenn man sie küsste, streifte man bei der Gelegenheit ihren Ellenbogen, das brachte sie zum Lachen.

Und dann ist mir natürlich noch dieser strahlende Tag in den Ardennen in Erinnerung. Dieser Tag, den der Radsportgott gesegnet hat, an dem ich ein ganzes Peloton roh verspeist hätte. Das war viele Jahre später. Ich war Profi in einer französischen Mannschaft geworden, und da ich nicht der Schlechteste war, bekam ich das Recht, meine Karte auszuspielen. Und in den Ardennen habe ich sie dann ausgespielt, das kann man wohl sagen! Als jemand, der das ganze Jahr über von der Sonne verwöhnt wird, will ich nicht behaupten, dass die Klassiker des Nordens zu meinen Lieblingsrennen zählen, an jenem Sonntag aber spürte ich weder Schmerz noch Regen noch Pflastersteine oder Wind. Es war der Tag, der alle anderen Tage aufwog, alle Trainingstage, alle verkorksten Rennen, all die trüben Tage im Peloton, all die zu steilen Anstiege, es war der Tag, an dem ich begriff, warum ich Radrennfahrer war. Ich war außer mir und unerreichbar. In der Spitzengruppe hatte ich meine Kampflust noch so lange wie möglich gezügelt. Ich fand das Tempo zu lasch, meiner Ansicht nach bummelten wir. Fünfzig Kilometer vor dem Ziel habe ich dann eine ordentliche Schippe draufgelegt und bin allein über die Hügel und steilen Rampen der Ardennen hinweggejagt. Die Haute-Levée, die Redoute, all diese mythischen kleinen Anstiege von La Doyenne hätten von mir aus länger sein können, um den Abstand zu erhöhen. Ich war der einzige Radrennfahrer auf der Welt und trat in die Pedale, wie man in die Pedale treten muss, wenn man sich in der Form seines Lebens fühlt. Nicht, dass mir etwas geschenkt wurde oder sich allzu leicht anfühlte, doch an diesem Tag schien alles möglich: Ich konnte beschleunigen, kurz zur Erholung rausnehmen, drücken, wann ich drücken wollte, mein Körper war zur Stelle. Die Beine waren stabil, der Kopf klar. Durch diesen klebrigen Sprühregen zu fahren, der die umgebende Landschaft in unwirkliche Umrisse verwandelte, war ein Genuss. Sehr bald habe ich mir um das, was hinter mir vorging, keine Sorgen mehr gemacht, ich war zuversichtlich. Das Gefühl der Unbesiegbarkeit, das ich an diesem Tag erlebte, war der Gipfel meines Radsportlebens. In der Folgezeit habe ich eine Reihe guter Momente gehabt, habe Rennen gewonnen und mich als Fahrer weiterentwickelt, aber niemals habe ich noch einmal diese Gewissheit wiedergefunden, dass Gott mit mir in die Pedale trat. Gott und all die Belgier, die sich an den Anstiegen drängten und meinen Namen riefen, als sei ich einer von ihnen, die mich berühren wollten, die die steilen Rampen nutzten, um ein Stück neben mir her zu laufen, und mich mit Rufen und Gesten anfeuerten. Ich schwebte über mir selbst. Was für ein großartiger Sieg! Was für Glückwünsche bei der Ankunft, wie viele neidische Blicke, nichts als Lichter, Musik und Akkordeon. Man prostete mir, dem Kind von Pastis und Rosé, mit großen Bierhumpen zu. Man zog mir am

Trikot, hielt mir Mikrofone hin, ich antwortete ohne zu zögern im Singsang meines Akzents, sagte, ich sei glücklich, alles sei bestens gelaufen und mein Antritt sei zum richtigen Zeitpunkt gekommen. Ich sagte nur eins nicht: »Nächstes Mal mache ich es noch besser«, weil ich mir dessen nicht sicher war. Gleich gut vielleicht, aber das sagt man nicht.

Mein Pfleger wischte mir mit einem mit Lavendel parfümierten Waschlappen übers Gesicht und führte mich dann zum Podium. Der Bürgermeister war da, der Rennleiter, die Offiziellen; ich habe Hände geschüttelt und Schulterklopfer bekommen. Das war mein Tag. Ich bin auf die oberste Stufe geklettert und habe die Arme gehoben, eine schöne junge Frau hat mir den Blumenstrauß und ihre Wange hingehalten. Ganz unverkennbar stammte sie aus der Gegend und brachte Lokalkolorit auf die Bühne. Rotblonde Locken, die sich in ihrem Nacken kräuselten, endlos tiefe, große blaue Augen und dieser blasse Teint spärlicher Sonne. Ich habe sie von ganzem Herzen geküsst, denn diesen Kuss hatte ich mir verdient.

Im anschließenden Trubel habe ich sie am Fuß des Podiums wiedergetroffen, und wir konnten ein paar Worte wechseln.

Die Podiummädchen bei den Rennen sind nicht nur dazu gut, Küsschen zu verteilen, manche sind auch ganz schön gewieft.

Nach der Lombardei-Rundfahrt, dem letzten Rennen der Saison, haben wir geheiratet. Und sie ist immer noch da, hier bei mir. All die Jahre ist sie mir über die Straßen gefolgt, und jetzt, seitdem die Kinder aus dem Haus sind, genießen wir unsere Ruhe in der Sonne.

Wenn man mir jetzt erzählt, dass man die Podiummädchen von den Siegerehrungen verbannt hat, frage ich mich ernsthaft, ob ich mir im nächsten April die Ardennenklassiker noch im Fernsehen ansehen werde.

Die Herde

Mitten am Nachmittag muss ich täglich meine Herde zusammentreiben. Dagegen kann man nichts machen, es ist eine Art Schicksal. Dabei habe ich mich heute Morgen bei der Besprechung im Mannschaftsbus klar ausgedrückt. Ich habe die Zielankunft erläutert, die ich bestens kenne, die lange Rechtskurve, die zwar angezeigt würde, aber nicht allzu eng war, also kein Risiko darstellte, dass man aufgehalten werden könnte, denn die Strecke war breit genug und wenn wir uns immer rechts hielten, hätten wir dort, 700 Meter vor dem Ziel, die Chance, einen kleinen Vorsprung auf unsere Gegner herauszuholen. Die Ansage war eindeutig und unkompliziert: Fünfzehn Kilometer vor dem Ziel sammeln sich alle rechts, um unseren Zug zu formieren.

Was aber finden wir vor? Einen Teamkollegen, der am Ende des Feldes träumt, und drei weitere, die ich über die Köpfe hinweg ganz links auf der anderen Seite des Pelotons erkenne. »Nach rechts!«, brülle ich wieder und wieder. So sind unsere Gegner jetzt natürlich genau im Bilde, dass wir vorhaben, unseren Sprint über die rechte Seite zu lancieren. Na, bravo!

Und jetzt? Von den dreien links, die ich so gut kenne, als hätte ich sie selbst gezeugt, wird Sean sich zurückfallen lassen und sich im Rücken des Pelotons anschließend auf der rechten Seite aufmachen, zu uns vorzustoßen. Er wird am Randstreifen nagen, Sturz und Reifenpanne riskieren, sich an den Graben drängen lassen und in dieser Schlacht Kräfte verschwenden, die er an anderer Stelle besser gebrauchen könnte. Dédé wird sich dagegen nach vorn stürzen, um in einem bereits nervösen Peloton zu überholen, dabei ebenfalls eine gute Portion Kraft lassen und zudem einen hübschen Aufruhr veranstalten, weil alle Nervösen, die einen Ausreißversuch wittern, sich an sein Hinterrad klemmen werden. Jim dagegen wird versuchen, in einer Diagonale quer durchs Feld rüberzuziehen, und seine Chancen dabei sind gering, auch wenn er eine große Klappe hat.

Ich brülle: »Nach rechts!«

Glücklicherweise sind der Anfahrer und sein Sprinter an meinem Hinterrad; sie wissen genau, was es kostet, den Clown zu spielen. Sie wissen, wie man sich aufspart, um dann später umso besser austeilen zu können. Wir haben fünf Kilometer verloren, ich bin sauer. Die anderen schaffen es mit Hilfe ihrer Ellenbogen endlich, zu uns zu stoßen. Einer sagt sogar:

»Da sind wir, Chef.«

»Spar dir den Atem.«

Alle in einer Reihe auf die richtige Seite bitte, die weniger Endschnellen nach vorn, das Peloton auseinanderziehen – nach und nach werden sie nach getaner Arbeit in einigen Kilometern ausscheren und sich zurückfallen lassen, und dann komme ich und nach mir dann der Anfahrer und der Sprinter. 1.200 Meter vor dem Ziel werde ich in Führung gehen, um diese ungefähr bei 800 Metern abzugeben, wenn möglich sogar erst bei 700 Metern.

Unser Zug läuft gut. Wir sind Seite an Seite mit den drei anderen Sprintzügen und halten unsere Position. Wenn das so bleibt, haben wir am Ausgang der Rechtskurve fünf Meter Vorsprung.

Ich habe Augen am Hinterkopf. Ich darf meine beiden Hintermänner auf keinen Fall verlieren; niemand in unserer Reihe darf Panik verbreiten, vor allem nicht an meinem Hinterrad. Jetzt ist das Tempo wirklich hoch, alle sind am Anschlag. Eine Radlänge vor mir lässt Sean ein Loch aufreißen, und ein Typ fädelt sich in unseren Zug ein. Ich brülle und springe rechts vorbei nach vorn. Mit dem Ellenbogen verjage ich den Eindringling. Er ruft mir zu:

»Blödmann.«

Ich gebe Sean einen Schubs in den Rücken, damit er vor sich die Lücke schließt, und nehme wieder meinen Platz ein. Hinter mir beschützt der Anfahrer perfekt unseren

Sprinter. Die beiden kennen sich in- und auswendig und sind eine echte Macht. Nach und nach scheren unsere Jungs aus. Sie beenden ihren Arbeitstag und rollen mit den Händen oben am Lenker zu Ende.

Jetzt bin ich an der Reihe, die Rechtskurve naht. Vor lauter Anstrengung verschwimmt alles, aber ich fühle, wie wir vorne ein Stück rausfahren, nicht weit, aber wir sind vorn. Ich gieße bis zum letzten Tropfen nach und gehe dann zur Seite raus. Der Anfahrer dreht voll auf. Jetzt überholen mich links und rechts andere Fahrer. Die haben nicht die geringste Chance mehr. Ich verfolge den Sprint. Unser Anfahrer ist unglaublich. Äußerlich sieht man es ihm nicht an, aber in seinem Inneren verbirgt sich ein Genie und eine echte Urgewalt. Er katapultiert unseren Sprinter in den Orbit und setzt ihn 300 Meter vor dem Ziel in unschlagbarer Position ab. Das Außergewöhnliche daran ist, wie er seine eigene Geschwindigkeit bis zur Linie beibehalten kann. Er ist unermüdlich. Mehrfach schon wurde er Zweiter hinter unserem Sprinter. So stark ist er. Eines Tages wird er genug Selbstvertrauen entwickelt haben und sich einen schönen Sieg gönnen.

Mein Bestgehasster

Es ist fatal, in einem Peloton gibt es lauter Leute, die du nie kennen wirst, und zwangsläufig auch jemanden, den du nicht riechen kannst. Einen Typen, dessen Verhalten und Allüren dir die Krätze bescheren, einen Kerl, bei dem es dir einfach hochkommt. Meiner heißt Roméo. Natürlich heißt er nicht Roméo, aber sein Vorname ist unaussprechlich, also habe ich ihn »Roméo« getauft.

Man sagt von ihm, er sei ein netter Typ, sogar ein echter Gentleman. Er gewinnt Rennen und pflegt dabei sein Lächeln. Wenn er verliert, lächelt er immer noch. Die Mädchen sagen, er sei ein hübscher Junge. Ich finde, er ist ein Geisterfahrer. Ich erkenne ja an, dass er auf seinem schönen Rad gut aussieht, immer elegant, immer adrett gekleidet, aber auch ständig damit beschäftigt, die eigenen Pedalumdrehungen zu zählen, immer dabei, zu lutschen, zu schnorren und abzustauben. Eine faule Ratte, ein falscher Fuffziger.

Gibt es ein Problem, kannst du dich darauf verlassen: Er ist nicht weit. Allein wie er die Unschuldsmiene aufsetzt, wenn er wieder jemandem ein Ei gelegt hat, weckt in mir die Lust, ihm eine reinzuhauen.

Ich bewege mich gerade in den vorderen Reihen des Pelotons. Es läuft eine fadenscheinige Verfolgung, die vom Team Salami-Store angeführt wird. Sie senken die Köpfe und tun als ob, in Wahrheit aber haben sie kaum Druck auf den Pedalen. Sie sichern nur ihren Mann ab, der sich mit drei anderen Fahrern abgesetzt hat und im Sprint der Ausreißer eine Chance hätte. Sie lullen uns ein. Ich rechne: Es sind vier Ausreißer und sie haben einen Vorsprung von einer Minute und dreißig Sekunden, der weiter anwächst. Niemand scheint die vier zurückholen zu wollen. Meine einzige Chance ist, auf eigene Faust an sie heranzufahren, ich habe keine Wahl mehr und darf nicht mehr warten. Ich ballere los und gebe es mir so richtig. Die Strecke ist kurvig, das Peloton verliert mich aus den Augen und lässt mich allein davonziehen. Zehn Kilometer fahre ich am Anschlag, bis ich rot sehe und die Ausreißer erreiche. Sofort stelle ich fest, dass mein Roméo dabei ist. Ich erkenne ihn an seinem runden Tritt, seiner makellosen Haltung. Gerade als ich zu ihnen aufschließe, hängt er am Ende der Gruppe und nutzt die Gunst der Stunde, um eine Ablösung auszulassen. Das ist seine Spezialität. Er lässt sich nach hinten gleiten und schiebt sanft den jungen Kerl nach vorn, der eigentlich nach ihm dran war; gefügig fährt der Junge das Loch zu. 500 Meter gesparte Arbeit für den schönen Roméo! Kleinvieh macht auch Mist. Ich hole kurz Luft, um mich von meiner Anstrengung zu erholen, und nehme hinter ihm meinen Platz in der Reihe ein. Die Gruppe läuft rund.

Rasch bauen wir unseren Vorsprung weiter aus. Die Ablösungen funktionieren mustergültig. An Roméos Hinterrad rücke ich weiter vor. Er übernimmt die Spitze. Nach 200 Metern macht er mit seinem Ellenbogen eine Bewegung, um mich vorbeizuwinken! Ein wenig kurz, deine Führung, mein hübscher Freund! Ich tu so, als hätte ich nichts gesehen. Er wiederholt den Wink mit dem Ellbogen. Ich rühre mich nicht. Mit einer verdutzten und charmanten Miene dreht er sich um. Ich ziehe vorbei. Im Vorbeifahren wirft er mir zu: »Bist du hinüber?« und lacht. Ich fahre meine 500 Meter Führung, gehe zur Seite und lasse mich zurückfallen. Dann nehme ich meinen Platz hinter ihm wieder ein. Manchmal suche ich mit meinen Augen das Peloton nach ihm ab und kann nicht umhin, ihn pedalieren zu sehen. Er sitzt immer korrekt im Sattel, seine schönen Beine bewegen sich lehrbuchmäßig. Steigt die Strecke an, ist er immer der Erste, um die makellos runden Pobacken aus dem Sattel zu heben.

Jetzt simuliert er ein Problem mit der Schaltung. Er schaut auf seinen Freilauf, als wäre er ratlos, und bittet mich, vorbeizufahren. Ich fahre das Loch zu und er klemmt sich an mein Hinterrad. Wieder eine gewonnene Ablösung für Roméo! Der Trick ist zu fadenscheinig. Ich gebe ihm Zeichen, dass er wieder vorbeifahren soll, und als einzige Antwort bekomme ich ein breites Lächeln seiner weißen Zähne und ein ablehnendes Handzeichen. Ich füge mich in mein Unglück, ohne etwas zu sagen. Ich bin nicht geizig, das liegt nicht in meiner Natur. Als ich nach meiner nächsten Führung die Reihe entlang zurückgleite, fällt mir einer der Fluchtgenossen auf. Der Kleine ist durch, er hechelt nach Luft, und wenn er die Spitze übernimmt, verlieren wir zwei km/h. Die zwei anderen sind Knechte, Helfer, die man nach vorn geschickt hat, falls ihr Kapitän angreift und Unterstützung braucht. Das wird heute nicht der Fall sein. Hier an der Spitze des Rennens wirken sie ein wenig verloren und nicht gerade hochmotiviert. Es ist nicht ihr Job zu gewinnen. Ich muss zusehen, dass ich sie rechtzeitig loswerde, denn in einem Sprint zu fünft ist man vor Überraschungen nie sicher. Und ich bin nicht wirklich ein Vollblutsprinter.

Bleibt der Fall Roméo. Es ist eben das Mysterium der Eleganz. Unmöglich zu sagen, ob er gut drauf ist oder am Ende. Er ist unlesbar. So ist das immer mit den schönen Rennfahrern, du ahnst nichts und plötzlich fallen sie erschöpft in den Graben oder ziehen dir unter der Nase davon, um an deiner Stelle die Arme in die Luft zu recken. Er tritt mit einer Art nervtötendem Halblächeln in die Pedale. Ich darf ihn nicht ansehen. Ich muss ihn beobachten, aber ich darf ihn nicht ansehen. Einmal hat er mich auf diese Weise reingelegt, und ich habe nur zugesehen, wie er sprintet, um mich zu besiegen. So ist das oft mit diesen gut aussehenden, kräftigen Burschen.

Ich kann nicht das Risiko eingehen, diese nette Reisegruppe auf meinem Gepäckträger Richtung Ziel zu kutschieren. Der Anstieg kommt. Ich setze mich an die Spitze und bitte niemanden um etwas. Ich bleibe auf dem großen Blatt und trete rein wie der Teufel. Wenn sie dieses Tempo mitgehen können, sind sie stark. Ich drehe mich nicht um, denn vor dem Gipfel will ich nichts wissen; danach werde ich Zeit genug haben, um zu begutachten, welchen Schaden meine Attacke angerichtet hat. Ich füge meinen Beinen derartige Schmerzen zu, dass hinter mir alle sabbern werden. Kurz in den Wiegetritt, um nach der Kehre gleich wieder zu beschleunigen, dann setze ich mich wieder. Ich kann mich gerade nicht selbst sehen, bin mir aber sicher, dass ich mir meinen Spitznamen »schiefe Rübe« redlich verdiene: Wie es scheint, halte ich meinen Kopf immer zur Seite geneigt, wenn ich forciere. Noch ein letztes Mal in den Wiegetritt auf der Geraden vor der Kuppe, und dann sind wir endlich drüber. Als ich mich dann setze, gönne ich mir ein »Uff!«, schnappe mir meinen Bidon und drehe mich beim Trinken um. Hinter mir sehe ich außer einem breiten Grinsen niemanden mehr. Ich habe das erhoffte Loch gerissen, aber dieser Roméo ist an mir dran geblieben. Ich schere zur Seite aus, damit er mich in der Führung ablöst, und er lehnt ganz höflich ab, weil er nicht mehr kann. Ich zucke die Schultern und fahre weiter. Das Publikum schreit seinen Namen, nur selten den meinen. Endlich übernimmt er und wirkt vor mir so völlig erholt, dass ich mich ernsthaft frage, wie ich ihn schlagen soll. Es gibt Rennfahrer, die in solchen Situationen unschlagbar sind. Sie lassen sich den ganzen

Tag über am Hinterrad mitziehen, schläfern ihre Umgebung ein und wachen genau in dem Augenblick auf, wenn es gilt, sich den Siegerstrauß zu holen. Wie viele Sträuße hat er wohl auf diese Weise gewonnen?

Ich schätze, auf die anderen drei haben wir einen kleinen Vorsprung. Die sind noch damit beschäftigt, sich wieder zusammenzuschließen, und werden nicht zurückkommen. Der Mann mit der Schiefertafel gibt uns eine satte Minute Vorsprung durch. Jetzt werde ich es mal mit einem kleinen Stehversuch probieren. Ich verlangsame. Er ist gezwungen, auf meine Höhe aufzuschließen. »Bist ganz schön in Form heute«, sagt er mir. Ich knurre zurück: »Mach du lieber deinen Teil der Arbeit.« Er lacht mir ins Gesicht, sagt: »Süßer, ich schlage dich sowieso!« und beschleunigt. Ich springe an sein Hinterrad, und die nächsten fünf Kilometer über sagen wir nichts. Für einen Angriff habe ich nicht mehr genug Saft. Es wird also zum Sprint kommen. 400 Meter vor der Linie klemmt er sich fest an mein Hinterrad, unmöglich, ihn loszuwerden. Ich ziehe zu den Absperrungen nach rechts, um sicherzugehen, dass er nicht auf dieser Seite attackieren kann, und bewache aus den Augenwinkeln meine linke Seite. Ich darf auf keinen Fall den Moment verpassen, in dem er seinen Sprint anzieht. Einmal mehr ist er in der idealen Position, um mich zu schlagen: bereit, aus meinem Windschatten zu springen. Ich höre das »Klick« seines Schaltwerks und richte mich auf. Der Sprint wird unendlich lang, 300 Meter. Er kommt auf meine Höhe und berührt meine Schulter. Finde ich rührend. Unsere Beine reiben aneinander. Keiner von uns will seine Linie preisgeben, keiner will nachgeben. Ich werfe alles in die Waagschale. Ich schließe die Augen, und seine Schulter, von der ich mich nicht lösen kann, leitet mich. Nur noch dreißig Meter, nur noch zwanzig, nur noch zehn. Ich öffne die Augen. Ich habe ihn endlich geschlagen, dieses Bürschchen, wenn auch nur um Reifenbreite.

Abschürfungen

Journalisten aller Couleur nennen sie »Abschürfungen«. Du bist mit 50 Sachen in der Stunde auf den Asphalt gesegelt, fünfzehn Meter weit gerutscht, hast dabei zwei unglückliche Mitstreiter gerammt, zwei Lenker über dich hinwegfliegen und zwei Schaltwerke bedrohlich nahe kommen sehen, die Fasern der Klamotten haben sich hübsch mit deinen blutigen Wunden verklebt: Damit hast du das Recht erworben, unter die Kategorie der »Abgeschürften« zu fallen.

Zuerst fühlt man die Hitze und denkt nur eins: weiterfahren, so schnell wie möglich zum Peloton aufschließen und das Rennen wieder aufnehmen, so als sei nichts gewesen. Man steigt wieder in den Sattel, das rote Hinterteil an der Luft, eine Schulter im Freien, Helm zerbeult, Brille zerknautscht. Man tritt in die Pedale und erreicht zwei Versehrte, die man in seinem Kielwasser mitzieht. Man sucht Deckung hinter den Autos der sportlichen Leiter, fühlt das Blut rinnen und erreicht das Ende des Pelotons. Das ist der Zeitpunkt, um Bilanz zu ziehen: Der rechte Oberschenkel, die rechte Schulter und der Ellenbogen sind offen, eine kleine Delle am Helm, eine Arschbacke an der Luft. Das Kameramotorrad ist sofort bei dir. Die Beine drehen sich noch, das ist die Hauptsache. Glück gehabt: kein Schlüsselbeinbruch, und die Hände sind unversehrt.

In seinem Cabrio kommt der Rennarzt auf deine Höhe. Es ist immer schön, sich eine Weile an seiner Tür festzuhalten und mitgezogen zu werden. Er sprüht ein wenig Antiseptikum auf die Wunden oder gibt dir eine Spritze. Er sieht sich die Sache aus der Nähe an, tastet ein wenig ab, um die Tiefe der Verletzung einzuschätzen, und sagt: »Schauen wir uns später genauer an.«

Später, das ist das Hotelzimmer mit dem Mannschaftsarzt: »Da hast du dich ganz schön verbrannt!« Nun beginnt eine lange und mühselige Arbeit, um den Straßendreck und die Fasern der Radkleidung herauszupulen, die sich in die Haut gefressen haben. Danach folgen die Salben und die großen Verbände, mit denen gut die Hälfte des Körpers bedeckt ist.

Kaum ist der Arzt aus dem Zimmer, stürzen die Fotografen hinein. Der Verband ist spektakulär und verdient einen Platz auf der Titelseite. Wie üblich bittet man um ein Lächeln. Und du lächelst genau in dem Moment, in dem du zum ersten Mal den Schmerz spürst. Bis dahin warst du unter Adrenalin, und jetzt, nachdem alles geklärt ist, kommt der brennende Schmerz. Die Schmerzmittel wirken noch nicht, und du hast den Eindruck, lebendig gehäutet zu werden. Abschürfungen.

Zur Belohnung heute Abend eine leichte Massage der linken Seite und ein Abendessen im Bett. Es gibt nichts

Besseres, um sich zu erholen. Die Kollegen kommen vorbei, um sich zu vergewissern, dass es dir so gut geht, wie es unter diesen Umständen möglich ist, und du morgen wieder an Deck bist.

Die Nacht auf der linken Seite ist entsetzlich. Die kleinste Bewegung steckt dich in Brand. Die Schlaftablette wirkt nicht. Zehn Mal siehst du den Sturz vor deinem geistigen Auge ablaufen, diese bescheuerte Sekunde, in der du dich am Hinterrad deines Vordermanns aufgehängt hast. Du siehst dich in Zeitlupe stürzen und endlos auf dem Asphalt dahinrutschen.

Am nächsten Morgen bist du ganz steif, ganz hart. Allein das Aufstehen ist schon eine Herausforderung. Die ersten Bewegungen werden zur Schlacht. Der Arzt schaut vorbei und meint, es wird alles besser gehen, sobald du warm bist. Du machst dich auf der Treppe runter zum Frühstücksraum warm. Die Kollegen fühlen mit. Sie kennen das. Es ist kaum jemand dabei, der das noch nicht mitgemacht hat.

Danach heißt es, die Rüstung fürs Rennen anlegen. Die Zahl der Verbände wird maximal verringert, die in der Hose werden stramm gezogen. Über Arm und Knie wird ein Netz gezogen, damit der Verband hält. Wird schon irgendwie gehen.

Am Start viel Mitgefühl von den Umstehenden. Ein harter Tag steht dir bevor. Der Schmerz ist immer noch heftig, aber erträglich. Du steigst auf dein Rad, um einige Meter zu fahren. Die Schmerzen sind nicht allzu stechend. Du sprichst ein kleines Gebet, dass sie das Rennen nicht allzu schnell angehen mögen. Du hast die Erlaubnis, dich im Peloton zu erholen. Wenn es sein muss, lässt du dich ins Gruppetto zurückfallen.

Man erkundigt sich bei dir nach Neuigkeiten. Das Fernsehen filmt dich. Sie machen einen kleinen Einspieler über dich für den Abend fertig. Du sagst, es gehe dir gar nicht so schlecht. Der Tag geht herum, und der Schmerz war erträglich. Im Ziel wirst du interviewt, und man filmt deine Verbände. Man filmt, wie der Arzt sie abnimmt. Im Fernsehen kannst du dir deine Wunden in Großaufnahme ansehen. Abschürfungen. Man bewundert deinen Mut. Du fühlst dich glücklich und stolz, ein Radrennen in einem Zustand bestreiten zu können, der jeden normalen Menschen ans Bett fesseln würde.

Am nächsten Morgen hat man dich wegen anderer Ereignisse schon vergessen. Dabei war die Nacht hart, und du weißt, dass jetzt der wahre, einsame Schmerz auf dich wartet.

Im Sattel

Er war ein bemerkenswerter Fahrer. Er hatte bei mehreren großen Rundfahrten geglänzt, hatte das Bergtrikot und das Grüne Trikot getragen, hatte den einen oder anderen Coup gelandet, wie es in diesem Metier hieß. Wenn er alles aus sich herausholte, schnitt er Grimassen, wand sich und zappelte auf dem Rad, im Ziel kommentierte er noch ganz außer Atem wortreich seine Ankünfte, und er war der Liebling des Publikums. Auch die Kameras hatten ihn in ihr Herz geschlossen, täglich sah man ihn im Fernsehen. Man rief seinen Namen vom Straßenrand, rühmte ihn auf Plakaten und in großen Lettern auf dem Asphalt der Passstraßen. Er verwaltete seine Popularität mit der gleichen Intelligenz wie seine Kräfte. In beiden Fällen wusste er, wie man das Beste daraus macht. Als Rennfahrer und als Mensch kam er gleichermaßen sympathisch rüber, so etwas war im großen Peloton eher selten.

Als seine Kräfte nachließen und er begann, über eine neue Zukunft nachzudenken, kam das Fernsehen darauf, seine Popularität zu nutzen. Man schlug ihm also vor, sich hinten aufs Motorrad zu setzen und von dort aus die Rennen live zu kommentieren.

Dieser Vorschlag war ideal, bot er ihm doch eine Übergangsrolle, die er nicht ablehnen konnte. Denn so blieb er im Rennen, die Nase im Wind und den Hintern auf einem Sattel. Der Verzicht auf Muskelkater und Siegeshunger wäre zu verkraften. Weil er wahnsinnig gern redete, war er am Mikrofon wunderbar, und das Publikum liebte ihn weiterhin. Auch die Sorgen um Strategien und die Ideallinie war er los; beides überließ er seinem Piloten, der sich wie ein Fisch durchs Peloton bewegte und ein Teufel in den Abfahrten war. Den Kommentaren verlieh er einen Hauch von Heiterkeit, aus ihnen sprach die Freude eines Mannes, der weiß, was es bedeutet, in die Pedale zu treten, und nicht mehr dazu gezwungen ist. Zuschauer erkannten ihn unter seinem Helm, und sie jubelten ihm zu wie in der guten alten Zeit.

Zu Beginn war er von der Geschwindigkeit der Rennen beeindruckt, die von außen viel schneller wirkten, als man sie von innen erlebte. Wie irrsinnig schnell die Fahrer doch waren. Das haute ihn um. Wenn er daran dachte, dass er noch im Vorjahr ein Teil dieses kollektiven Geschosses war, das bei Regen und brütender Hitze in voller Fahrt durch die Landschaft preschte, dazu mit all den Hindernissen, die auf der Strecke verstreut waren, dann gab ihm das einen kleinen Stich ins Herz. Manchmal bescherte es ihm sogar Wadenkrämpfe. Das alles bekam einen eigenartigen Hauch gegenwärtiger Vergangenheit, in der sich manchmal Ereignisse und Erinnerungen vermischten.

Viele Fahrer, die im Rennen waren, kannte er noch. Jüngere ebenso wie Ältere, die ihre Karriere bis in die Vierziger hinein verlängerten. Mühelos konnte er ihre Namen aufsagen und er erkannte sie allein am Pedaltritt. Doch im Laufe der fliegenden Interviews, die er vom Motorrad aus wie ein Mikrofon-Akrobat auf Autotüren gestützt mit sportlichen Leitern führte, entdeckte er allmählich auch die Anwesenheit der vorigen und vorvorigen Rennfahrergeneration. Da wurde ihm bewusst, er war nicht allein. Alle waren sie da, die alten Bewohner dieses Hauses, als das ihm das Peloton stets erschienen war: Sie lenkten Fahrzeuge, sie reichten den Fahrern unterwegs Verpflegungsbeutel und Trinkflaschen, sie bereiteten Fahrräder vor, waren Pressesprecher, chauffierten VIPs vor dem Fahrerfeld über die Strecke. In den Büros und auf den Straßen entwarfen sie die kommenden Rennen, verhandelten mit den Etappenstädten, mit der Gendarmerie, erkundeten die Strecke und versammelten sich über drei Wochen im pulsierenden Herz des Rennens. Sie kannten die geheimen Codes und umschifften Klippen, die Leute »von außerhalb« nicht einmal erahnt hätten. Sie vermittelten die ruhige Gewissheit derjenigen, die Bescheid wissen. Die genau wissen, wie viel Vorsprung ein Ausreißversuch haben muss, bevor man mit dem Auto hinterherprescht, die an der Passhöhe wohlweislich wie die Verdammten losrasen, um nicht von den Rennfahrern auf der Abfahrt eingeholt zu werden, die wissen, zu welchem Zeitpunkt und an exakt welcher Stelle sie eine

Gruppe überholen können, ohne ihre Sicherheit zu gefährden, die wissen, wann sie einem Fahrer in einem Anstieg, der für ihn zu hart wird, ein Bidon aus dem Fenster reichen müssen. Es waren Menschen, die sich um alle möglichen, ganz unterschiedlichen Dinge kümmerten, und doch es gab etwas, was sie alle vereinte: die Bewunderung des Pelotons und insgeheim auch des eigenen Ruhms. Man verlässt das Peloton nicht einfach so.

Mit einem Ruck richtete er sich wieder im Sattel auf und dachte beruhigt, dass, sollte er einmal müde sein, immer noch tausend andere Berufe auf ihn warteten, für die er nie sein Haus verlassen musste. Das Haus des Pelotons.

Der Wind der Ferne

Manchmal, während der langen Flachetappen, auf denen wir uns etwas langweilen, sage ich mir, dass ich, wenn ich eines Tages das Peloton verlasse, in den Meeren des Südens zur See fahren werde. Ich werde auf meinem schönen Segelschiff Inseln umrunden, ohne je schneller als der Wind zu sein. Ich werde ihn über das Tempo der Etappen entscheiden lassen und mit ihm spielen, wie er mit mir spielt.

Der Radsport hat mir alles über den Wind beigebracht. Morgens ist er mein erstes Gefühl. Kaum habe ich das Zimmerfenster geöffnet, befrage ich ihn. Woher kommt er? Vom Meer oder vom Land? Ist er beständig oder unberechenbar? Welche Wolken wird er heute über unsere Köpfe schicken? Wird er günstig oder feindlich sein? Brennend heiß oder eisig? Wird er zwischen den Zähnen knirschen? Wird er auf den Wangen prickeln?

Der Radsport ist die Schule aller Winde. Über die Distanz einer Tour de France kann man sie alle kennenlernen, die großen Westwinde von der Küste, voller Feriengerüche, die schneidenden Winde der grauen Tage, die großen Winde, die vom kleinen Regen nicht aufzuhalten sind, die trockenen und hellen Winde, die zum Himmel der Berge passen, die wechselhaften Winde in den Städten, die je nach Straßenführung immer wieder neu umgelenkt werden, die Winde, die das Tal ansaugt, die Windstille des tiefen Südens. Die Überraschungswinde, die aus dem Nichts allein mit der Absicht auftauchen, Schaden anzurichten. Und die Monster: der Nordwind, der dich am so treffend benannten Ventoux nach der Linkskurve am Chalet Reynard überfällt, die Gewitterwinde in den Tälern der Pyrenäen, die dich verbrennen oder in einen Eisklotz verwandeln, die Südwinde, die mit einem Hauch den Rachen austrocknen.

All dies kennt der Radsportler. Er weiß zu kämpfen und darf sich nie unterwerfen. Steht der Wind feindlich, werden die Ablösungen kürzer und energischer. Man könnte ihn zum kollektiven Gegner aller Fahrer erklären, aber jeder Radrennfahrer weiß auch, dass der böse Wind bisweilen zum Verbündeten werden kann. Wenn sich ein Fahrer in kritischer Position am Ende des Pelotons befindet, wenn er nur mühsam dem Tempo folgen kann, wenn er sich wieder und wieder mit erneuten Antritten verausgabt, um mit dem Peloton Schritt zu halten, dann kann ein Windstoß seine Rettung bedeuten, weil er die Spitze des Pelotons einbremst und es ihm erlaubt, wieder Anschluss zu finden. Aus demselben Grund kann der Rückenwind, der an sich ein Segen ist, zum Drama für all jene werden, die nur mit Mühe dem Tempo eines Pelotons folgen können, dem der Wind Flügel verleiht.

Bleibt noch dieser schreckliche Seitenwind, der alles verstreut, das Peloton in Stücke reißt und die gesamte Wissenschaft der Deckung auf den Kopf stellt. Dann fächern sich die Rennfahrer über die gesamte Breite der Straße auf, um schräg hintereinander versetzt ein wenig Schutz vor dem Wind zu suchen. Aber Straßen sind Straßen und manche sind breiter, manche schmaler, und der Fächer verändert dann seine Spannweite. Wer in seinem Fächer plötzlich keinen Platz mehr findet, muss dahinter in einer langgezogenen Fahrerreihe am Straßenrand entlangrollen, er frisst allen Wind der Erde und fleht Äolus an, ihn nicht an die nächste Staffel weiterzureichen, wo niemand freiwillig seinen Platz räumen wird. So gehen unsere Tage dahin, und der Wind unterwirft uns.

Wir diskutieren nicht mit dem Wind, wir verhandeln nicht; klein und bescheiden stellen wir uns als Unterlegene dem Kampf, wir senken das Haupt und ersinnen kleine Finten, um weniger zu leiden und uns etwas windschlüpfriger zu machen.

Ich will Seemann werden, um mit dem Wind zu spielen, mich von ihm adoptieren zu lassen und das Tempo ändern zu können. Dazu die Kurswechsel, das Kreuzen bei Gegenwind, all das tun, wovon ich auf meinem Rad oft geträumt habe: die Kraft des Windes zu meinem kleinen Vorteil umlenken. Und während der windstillen Tage, an denen wir in den Rennen ein so hohes Tempo anschlugen, werde ich reglos mitten im Meer liegen, die Nase zum Himmel heben, mit den Augen dem Tanz der Sturmvögel folgen, während meine Beine schlaff und behaart auf den Kissen des Cockpits ruhen.

Gruppetto

Da ich ein gutes Zeitgefühl habe, bin ich es, der für die Rechnerei zuständig ist. Ich bin es, der das Tempo des Gruppettos vorgibt, mit den Augen auf der Uhr. Widerspruch zwecklos, denn in den Bergen steht jeden Tag unser Verbleib im Rennen auf dem Spiel, und da treffe allein ich die Entscheidungen. Am Morgen studiere ich die Einstufung der Tagesetappe, die von den Kommissären vorgenommen wurde: »lange Etappe, hoher Schwierigkeitsgrad«, uns bleibt eine Karenzzeit von 13 Prozent. Bei einer Durchschnittsgeschwindigkeit von 34 km/h sind das etwa 37 Minuten. Wir müssen also spätestens 37 Minuten nach dem Sieger im Ziel sein, sonst wird der ganze kleine Verein des verspäteten Gruppettos aus dem Rennen genommen.

Das ist hart, aber man muss verstehen, dass ein drohender Rennausschluss das einzige Mittel ist, um zu verhindern, dass einige Fahrer in den Radtouristik-Modus umschalten, um am nächsten Tag ausgeruht zu sein. Im Rennen muss um die Wette gefahren werden, sonst ist es kein Rennen mehr. Alle, die wissen, dass sie in den Bergen keine Chance haben, schließen sich zu einer kleinen Gruppe am Ende des Pelotons zusammen, einer Art Hütte im äußersten Winkel des Gartens unseres Hauses. Im Hochgebirge zieht sich unser Haus ganz schön in die Länge! Hinten versammeln sich die Sprinter, die Probleme am Berg haben, die notorischen Ausreißer, denen die Kraft für Ausreißversuche ausgegangen ist, die ausgeglühten Helfer, die Angeschlagenen, die Erschöpften, die, denen es richtig dreckig geht und – seltener – die Faulpelze. Sie alle müssen sich dem Tempo anpassen, um pünktlich zu Hause zu sein. Von vorn gesehen ist das Gruppetto eine Art Halbparadies, in dem man sich einen lauen Lenz macht und locker in die Pedale tritt. Früher sagte man dazu »Autobus«, das war noch eindeutiger. Von wegen! Hier wird genauso schwer in die Pedale getreten wie anderswo, und ich schimpfe und schwinge die Peitsche, damit es läuft. Denn die Uhr ist unerbittlich.

Meine größte Herausforderung ist es, möglichst viele Nachzügler einzusammeln, damit, falls wir aus der Zeit fallen, unsere Gruppe so groß wie möglich ist. Die Kommissäre würden es nicht wagen, ein Drittel des Feldes auf einmal zu disqualifizieren. Die schiere Masse ist unsere Chance.

Heute stehen drei Pässe auf dem Programm, und wir haben die Ehre, einen berühmten Fahrer unter uns zu haben. Er ist vorgestern gestürzt und mit Verbänden übersät. Gestern auf der Flachetappe hat er sich noch vorne halten können, aber heute in den Bergen ist er am Ende. Er ist überall aufgeschürft, seine ganze rechte Seite ist bandagiert:

Wade, Knie, Hüfte, Ellenbogen, Schulter. Er hat Schmerzen. Ich setze mich vor ihn und glätte das Tempo so weit wie möglich. Seine Teamkollegen eskortieren ihn links und rechts, aber es würde mich wundern, wenn er noch lange durchhält. Er ist stark, er ist hart im Nehmen, aber das Böse ist das Böse, und es zehrt an ihm. Es gräbt sich in sein Gesicht, es verzerrt seine Züge, es entstellt seinen Tritt. Sein rechtes Bein pendelt zur Seite. Wenn er so weitertritt, wird es nicht lange dauern, bis sein Knie den Dienst quittiert. Ich bedeute ihm zu trinken, er trinkt. Ich bedeute ihm zu essen, er versucht es. Es ist ein trauriger Anblick. Aber es ist nichts zu machen, ich spüre, wie er uns Stück für Stück immer mehr bremst. Sobald es bergauf geht, fällt er zurück. Wir können ihn nicht mehr lange mitschleppen. Die Karenzzeit.

Ich lasse mich auf seine Höhe gleiten und sage ihm, dass er schneller fahren müsse. Er sagt mir, das sei unmöglich und dass er versteht: »Fahrt nur. Ich komme schon zurecht.« Er leidet zu sehr. Das Gruppetto ist erbarmungslos. Die anderen Fahrer machen Platz und reichen ihn respektvoll Richtung Besenwagen durch. Er wird die Etappe allein zu Ende fahren, auf der Galeere, außerhalb des Zeitlimits. Wir erhöhen das Tempo.

Morgen früh wird er nicht starten, was nur ein bisschen weniger traurig ist, als wenn er heute schon aufgegeben hätte.

Platt gefahren

Zum denkbar ungünstigsten Zeitpunkt hatte ich einen Platten, fünfzehn Kilometer vor dem Ziel einer Flachetappe. Fünfzehn Kilometer vor dem Sprint. Genau in dem Moment, als das gesamte Peloton mit vereinten Kräften auf die Ziellinie zusteuerte. Die Fahrer fuhren vorne ihre Ellenbogen aus, das Tempo stieg auf ein Maximum, die Sprintzüge setzten sich in Bewegung und dahinter wurde um Anschluss gekämpft. Während also meine Teamkollegen den Sprint vorbereiteten, rollte ich plötzlich auf der Felge. Ausgerechnet hier. Über den Mechaniker gab es nichts zu meckern: Er sprang aus dem Auto, reichte mir mein Ersatzrad, schob mich mit einem perfekten Schubser in die Nieren an, und ich konnte im großen Gang anfahren. Ich nahm mir vor, ruhig zu bleiben und voll am Anschlag wie im Zeitfahren die Lücke zu schließen. Ich nutzte den Schutz der Autos und sprang von einem Wagen zum nächsten, um näher ans Feld heranzukommen. Die Fahrer der Begleitfahrzeuge spielten tadellos mit und boten mir bestmöglich Windschatten: kein plötzliches Beschleunigen, kein Bremsen. Ohne Ausnahme. Allesamt tadellos. Ich sprang aus dem Windschatten des letzten Autos und musste allein den Kampf mit dem Wind aufnehmen. Das Feld war 300 Meter vor mir, weit weg, aber ein kompaktes Feld. Es gab keine Ausreißer. Alles gut gelaufen.

Ich ging aus dem Sattel, nahm den Kopf runter, holte hundert Meter auf, hundertfünfzig, zweihundert, und dann kam ich ins Stocken. Nichts zu machen. Einen Kilometer lang habe ich das Tempo des Pelotons gehalten, aber ich bin nicht mehr näher herangekommen. »Wenn ich das jetzt nicht zufahren kann, verliere ich dreißig Sekunden und meinen zweiten Platz in der Gesamtwertung. Wegen eines durchlöcherten Reifens.«

Ich schloss für eine Sekunde die Augen, um meine letzten Kräfte zu sammeln, und als ich sie wieder öffnete, sah ich, wie das Peloton sich an seinem Ende weitete. Zu beiden Seiten der Straße waren die Fahrer ausgeschert und hatten, um auf mich zu warten, einen Fächer geöffnet, der wie ein Sog wirkte und mir wieder Unterschlupf bot. Es waren Fahrer in allen möglichen Trikots, nicht nur meine Teamkollegen. Sie schluckten mich und schlossen die Tür hinter mir wieder. Ich hörte, wie einer zu mir sagte: »Komm rein.« Und ich kehrte in unser Haus zurück.

Die Tour beenden

Nach allem, was man hört, ist heute ein Feiertag. Ein Tag zum Feiern... Gestern Abend haben wir die Alpen abgehakt, wir haben die Tour abgehakt, wir haben die Koffer gepackt, wir sind ins Flugzeug gestiegen, und jetzt machen wir eine Parade durch die schicken Vororte von Paris. Was für ein Unsinn! Scheinbar ist dies die festliche Tradition des letzten Tages. Wir sind keine Clowns, wir sind Radrennfahrer. Das Fernsehen filmt den Träger des Gelben Trikots und alle, die ihm auf die Schulter klopfen. Heute Abend wird sein Rücken geschwollen sein. Mit einer Champagnerflöte (aus Plastik) in der Hand spielt er die Komödie mit. Es ist ein kollektives Grimassenschneiden, jeder vollführt seine eigene Pose vor den Kameras. Einige setzen sich Perücken auf, andere machen Wheelies... Nur die Sprinter machen ihren Job, das heißt, sie machen ein ernstes Gesicht. Sie sind schon konzentriert, weil sie wissen, dass sie noch einen großen Sprint vor sich haben. Für sie endet die Tour de France erst auf der Ziellinie. Echte Rennfahrer sozusagen. Wir machen derweil einen Spaziergang, führen die Trikots aus, diskutieren über das Dinner am Abend, versprechen, es krachen zu lassen, sagen uns, dass die Tour vorbei ist und wir nächstes Jahr wieder dabei sein werden. Wir sind fröhlich, um nicht traurig zu sein. Wir geben uns müde, um nichts zu bereuen. Wir fahren am Löwen von Belfort vorbei und passieren den Innenhof des Louvre, vorbei an der durchsichtigen Pyramide, die in der Sonne glänzt. Bis jetzt ist alles eitel Sonnenschein.

Und dann geht es auf die Champs-Élysées, auf die Schlussrunde. Dieser beschissene Rundkurs, der siebenmal mit Vollgas zu fahren ist. Die angeblich schönste Straße der Welt. Eine Waschmaschine. Schaut nur, wie schön das alles ist, der Arc de Triomphe und die Patrouille de France, die den Himmel blau-weiß-rot färbt. Schaut es euch an, seht und staunt! Was ich aber sehe, das sind diese kleinen, beschissenen Pflastersteine, die alle unterschiedlich hoch sind und am Lenker rütteln, das sind die Bordsteinkanten, an denen mein Pedal haarscharf vorbeirauscht, das ist das Hinterrad, das ich auf keinen Fall verlieren darf und erst recht nicht berühren. Außerdem sind die verdammten Champs-Élysées alles andere als flach. Diese Straße ist eine regelrechte Steigung, eine unsichtbare Steigung! Man muss sich festbeißen. 45 Stundenkilometer in die eine Richtung, 65 in die andere. Festbeißen, denn wenn du den Anschluss einmal kurz verlierst, bist du geliefert. Mit den Pedalen nicht in die Speichen der Kollegen kommen, seine Augen überall haben, und dann dieses unaufhörliche Vibrieren des Pflasters, das die Handgelenke quält, in die Schultern steigt, in den Rücken hinabkriecht, das Perineum massakriert. Der Hintern tut weh. Im Tunnel haben wir einen Moment glatten Asphalt, aber hier geht es auch einmal kurz richtig bergauf. Aus dem Sattel gehen, wieder antreten, dann eine Linkskurve. Irgendwie durchhalten und festbeißen, eine Stunde lang, noch dreißig Minuten, noch fünfzehn Minuten, eigentlich nichts im Leben eines Radrennfahrers, aber das Tempo ist unerträglich. Dann geht es zurück auf die kleinen Pflastersteine, sie sind alles, was ich noch wahrnehme. Der kleine Knopfhörer im Ohr knistert und brüllt: »Die Tour ist vorbei, Jungs. Ab in Position für Roberts Sprint.« Ich weiß, dass Robert eine Chance hat, vorausgesetzt, ich fahre die ersten hundert Meter des letzten Kilometers so, als hinge mein Leben davon ab. Mein letztes Hurra.

Alles läuft wie geplant. Die drei Teamkollegen sind vor mir, um die letzten vier Kilometer die Führungsarbeit zu machen, hinter mir der Anfahrer, der bei 500 Metern übernehmen wird, und hinter ihm Robert, der bereit ist für den finalen Sprung über den Zielstrich. Ich breite meine Ellenbogen aus, damit der Zug nebenan uns nicht abdrängt. Wir denken an nichts mehr. Wir müssen jetzt funktionieren, wir müssen unseren Sprint umsetzen. Mit der Schulter stoße ich den Kerl zurück, der ein Loch in unsere Reihe reißen will. Nun bin ich dran.

Ich gebe alles, was in mir steckt. Ich fahre auf der letzten Rille, ich sehe nichts mehr, und sobald ich merke, dass ich ein wenig an Geschwindigkeit verliere, schere ich aus und richte mich auf, um das Feld vorbeizulassen. Meine Tour de France ist zu Ende. Schluss mit dem Radfahren. Urlaub. Verreisen. Ich schaue auf, ich blicke mich um, ich entdecke Paris: Er ist echt drollig, der Obelisk, den sie mitten auf der Place de la Concorde aufgestellt haben, mit seiner goldenen Spitze.

Kleines Blatt

Ein Blick aus dem Fenster: Der Himmel ist blau. Ein Blick auf das Thermometer: 14 Grad. Das Training wird angenehm sein. Ich war gestern Abend zu faul, in den Computer zu schauen, ich habe getrödelt und öffne ihn erst heute Morgen. Das heutige Programm: 120 Kilometer in drei Stunden. Schon wieder eine hochintensive Einheit. Da fahre ich lieber durch den Wald, um mich vor dem Wind zu schützen und besser Tempo bolzen zu können. Kurze Hose, kurzes Trikot. Die Temperatur wird steigen. Ich überprüfe den Reifendruck, fülle meine Trinkflasche, zwei Energygels in die Trikottasche, mein Handy für alle Fälle, und los geht's.

Meine Beine schmerzen immer noch von der gestrigen Trainingseinheit. Ich habe das Gefühl, dass meine Oberschenkel schwer und meine Schultern steif sind. Ich habe Schwierigkeiten, in Gang zu kommen. Ich wechsle auf mein kleines Kettenblatt, um eine Weile locker zu kurbeln. Ich lache innerlich, als ich es tue: »Abgenutzt kann es nicht sein, bei all den heftigen Einheiten der letzten Wochen habe ich es wohl noch nie gebraucht. Es ist sicher noch brandneu!«

Auf dem kleinen Blatt können sich die Beine locker bewegen. Die Anstrengung ist geringer, die Geschwindigkeit leider auch. Im Wald werde ich wieder die große Mühle auflegen. Die Stimmung ist prächtig, es ist ein kleiner Frühling im Anmarsch. Man kann ihn in den Gerüchen erahnen, im hellen Blau des Himmels, in den ersten Knospen und Blumen, die an den Mauern der Häuser sprießen.

Wie oft habe ich mich in den achtzehn Jahren meiner Karriere auf den Frühling gefreut? Hatte ich wirklich Zeit dafür? Ich spüre die noch kühle Luft an meinen Armen und auf meiner Stirn. Ich habe vergessen, meinen Helm aufzusetzen. Ich dachte, er wäre auf meinem Kopf festgeschraubt, so sehr war er ein Teil von mir geworden. Ich fahre mir mit der Hand durch die Haare. Es ist ein neues Gefühl. Ich komme in den Wald. Ich nehme die lange, gerade Allee, die ich schon so oft mit Vollgas gefahren bin, wo ich so oft die Zeit gestoppt habe, um meine Fortschritte zu messen. Hier, auf diesem flachen Stück Straße, habe ich versucht, meine Höchstgeschwindigkeit zu erreichen. Das Maximum auf einem Kilometer, das Maximum auf 200 Metern. Wie oft bin ich hier gegen mich selbst gesprintet?

Ich lasse meine Beine von ihrem Eigengewicht drehen. Mit der Wärme der Sonne steigen die Gerüche des Waldes auf: der Geruch von Feuchtigkeit, der Geruch von Wild, der Geruch von Humus. Ich blicke mich um, damit mir die Farben und die Sonnenstrahlen, die durch das Blätterdach fallen, nicht entgehen. Ich halte Ausschau nach einem Reh oder einem Hirsch. Ich bemühe mich, keinen Lärm zu machen und meine Beine sich sanft drehen zu lassen. Ich habe die Hände oben auf dem Lenker, um die Nase leichter heben zu können: um besser zu riechen, besser zu sehen, besser zu atmen.

Ich erreiche die Kreuzung. Links ist die Straße, die zum Dorf führt. Genau hier habe ich als Jungspund mein erstes Rennen gewonnen. Mein erster Blumenstrauß, den ich meiner Mutter geschenkt habe; meine erste Wurst, die ich mit meinem Vater geteilt habe. Ich habe die Welt auf meinem Fahrrad bereist, aber ich lebe noch immer in meinem Dorf. Jeden Winter bin ich zurückgekehrt, um auf diesen Straßen zu trainieren. Ich habe überall Erinnerungen, aber hier sind die meisten. Ich habe mich so oft mit meinen Freunden in dieser Region gemessen, ich habe so hart gekämpft, um mir einen Platz im großen Peloton zu sichern... Wie viele Starts? Wie viele Sprints? Wie viele Freunde und Rivalen, die unterwegs verloren gingen und wieder ins normale Leben zurückkehrten? Wie viele Blumensträuße? Wie viele Küsschen im Ziel? Wie viele Podien? Wie viele Trikots? Wie viele Räder? Reiht man all diese Tage, die man mit der Nase am Lenker verbracht hat, aneinander, ergeben sie zusammengenommen ein Leben. Ein ganzes Leben in weniger als zwanzig Jahren.

Es ist jetzt mild, die Sonne ist aufgegangen und scheint sanft. Ich denke lächelnd an die Etappen der Vuelta, wo die Hitze genauso schlimm ist wie die Steigungen; an den

Stelvio im Schnee beim Giro; an die Intensität der ersten Bergetappen bei der Tour de France, wenn die Anspannung am größten ist, wenn es unten heiß und oben kalt ist und jeder beschlossen hat, es besser zu machen als sein Nebenmann. Ich denke an die Tage, die ich während der Flachetappen im Bauch des Pelotons verbrachte. Ich denke an die Australier, mit denen ich mein Englisch verbesserte. Ich denke an all die Gesichter, die sich im Peloton tummelten und denen ich versuchte, einen Namen zuzuordnen. Und an den endlosen Reigen der Hotelzimmer, in denen man jeden Abend seinen Schlaf neu erfinden musste... An die Absurdität von all dem... An die Freunde, die Fahrerkollegen, die sportlichen Leiter, die Intrigen, die Strategien, die im Fiasko endeten.

Plötzlich sehe ich das Reh auftauchen. Ich verlangsame sofort meinen Tritt und halte den Atem an. Es tritt auf die Fahrbahn. In der Mitte hält es kurz an und schaut mir direkt in die Augen. Ich setze einen Fuß auf den Boden. Es ist frei und sicher zugleich. Gewissermaßen ist es hier zu Hause. Ohne Eile entfernt es sich und nimmt seinen Wald wieder in Besitz.

Ich nutze die Zeit, um einen Schluck zu trinken und auf den Computer am Lenker zu schauen. Ich bin in der letzten Stunde 26 Kilometer auf meinem kleinen Blatt gefahren. Die Intensität ist mehr als dürftig. Ich muss lachen. Ich schalte das Display aus und betrachte einen Moment lang den schwarzen Spiegel seiner Oberfläche. Ich fühle mich gut so, mit einem Fuß auf dem Boden. Ich habe das freudige Gefühl, dass gerade etwas Unwiderrufliches passiert ist.

Ebenfalls von diesem Autor

PAUL FOURNEL

DIE LIEBE ZUM FAHRRAD

Erzählungen

Klappenbroschur, 182 Seiten
ISBN 978-3-95726-072-7

auch als e-Book erhältlich

In 55 kurzen, wunderbar pointierten Texten entwirft der französische Schriftsteller Paul Fournel ein Universum, in dessen Zentrum das Rennrad steht. Beginnend mit der kindlichen Freude, das Radfahren zu lernen, erzählt *Die Liebe zum Fahrrad* von den Qualen des Kletterns und der Angst vor Stürzen, vom seligen Endorphinrausch und dem Wunder des Windschattens und von all den anderen universellen Momenten und Gefühlen, die jeder passionierte Radfahrer kennt. Ausgezeichnet als bestes französisches Sportbuch des Jahres mit dem Prix Sport-Scriptum.

Covadonga Verlag

Die Lust am schnellen Radfahren. Abenteuer auf zwei schmalen Reifen. Die Faszination und die Geschichte(n) großer Rennen, legendärer Anstiege und bildschöner Rennräder. Die wundersame Welt des Profiradsports. Die Geheimnisse bekannter Rennfahrer und das Geheimnis erfolgreichen Trainings. Das sind die Themen, auf die der Covadonga Verlag seit jeher sein Augenmerk legt.

Zu den Autoren zählen u. a. Dino Buzzati, Paul Fournel, Joe Friel, Fabio Genovesi, Hannah Grant, Jan Heine, Paul Kimmage, Tim Krabbé, Albert Londres, Guillaume Martin, Benjo Maso, David Millar, Tim Moore, Harry Pearson, Jonathan Vaughters, die Velominati und Gianluca Zaghi. Radfahrer von Welt- und Kreisklasse, die dem Radsport eine literarische Stimme verleihen. Ausnahmeerscheinungen im Peloton. Radprofis, die anecken. Preisgekrönte Schriftsteller mit einem Faible für Radsport und Rennräder. Legendäre Reporter und große Humoristen. Die originellsten Chronisten der Hobbyfahrer-Szene. Internationale Koryphäen in Sachen Training, Fahrradtechnik und -restaurierung... Sie alle schreiben für Covadonga. Meist über den Radsport, manchmal auch über seine nahen Verwandten.

Zuletzt erschienen sind:

978-3-95726-090-1	*Rennracker Robbie bei der Tour de France.* B. Hasselbusch
978-3-95726-087-1	*Der Plan.* Nando Boers
978-3-95726-083-3	*Das Kuchen-Kochbuch.* Hannah Grant
978-3-95726-080-2	*Das neue Grand Tour Kochbuch 2.0.* Hannah Grant
978-3-95726-077-2	*Von Pandabären verfolgt.* Dan Martin
978-3-95726-076-5	*Im Peloton.* Paul Fournel
978-3-95726-075-8	*In meinem Herzen alles Sieger.* Fabio Genovesi
978-3-95726-074-1	*Übergestern in Japan.* Michael O.B. Krähe
978-3-95726-072-7	*Die Liebe zum Fahrrad.* Paul Fournel
978-3-95726-068-0	*Vuelta Skelter.* Tim Moore
978-3-95726-067-3	*Radsportherz.* Daniel Dencik
978-3-95726-066-6	*Die Gesellschaft des Pelotons.* Guillaume Martin
978-3-95726-065-9	*Von A nach B.* Dave Walker
978-3-95726-061-1	*1000/24.* David Misch & Christoph Strasser
978-3-95726-060-4	*Radsportberge und wie ich sie sah.* Geraint Thomas
978-3-95726-059-8	*Tausend Kilometer Süden.* Walter Jungwirth
978-3-95726-055-0	*Ein Rad für alles. Die Allroad-Bike-Revolution.* Jan Heine
978-3-95726-054-3	*Quer durch Flandern.* Harry Pearson

Detaillierte Informationen zu allen Büchern finden Sie unter:

www.covadonga.de